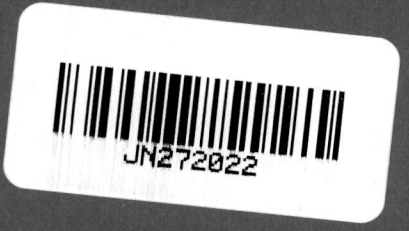

イェンセン家の

北欧スタイルの暮らしと手作り

マリコ・イェンセン

12年前、デンマーク人の夫・イェンスと
結婚したのをきっかけに、デンマークに、
新しい家族や友人がたくさんできました。
以来、毎年のようにデンマークのイェンセン家を訪れ、
親戚や友人と共に過ごす時間を重ねるうちに、
デンマークの人々が日々の暮らしの中で
大切にしていることが、少しずつ見えてきました。
自分の住まいにとても愛着を持っていて、
家で集うのが大好きなこと。
身の回りのものを手作りするのが得意で、
DIY精神にあふれていること。
古いものを大切に扱い、
時がくれば家族に譲り渡して引き継いでいくこと。
森や湖が大好きで、自然の中で
楽しい遊びを見つけるのが、本当に上手なこと。
そしてなにより素敵だなと思ったのが
家族と一緒に過ごす時間を、
誰もがとても大切にしていること──。
デンマークのイェンセン家が、
昔から自然に大切にしてきたこれらのことは、
そっくりそのまま、
日本で暮らす私たち家族のお手本になりました。

私は現在、夫と、
今年6歳と4歳になった2人の息子と共に、
鎌倉で暮らしています。
鎌倉の家は、もとは
古い日本家屋だったのですが、
夫を中心に、家族4人が3年がかりで
リノベーションして、自分たちらしい
住まいに作り替えました。
インテリアや雑貨も、デンマークの
イェンセン家をお手本に、ところどころに
古いものやハンドメイドを生かしてみました。
今回、そんな鎌倉のわが家をお見せしながら、
日々の暮らしの中に
〝小さな幸せ〟を見つけることが上手な
デンマークの人たちのアイデアを
少しでもみなさんにご紹介できたらいいなと
思っています。

マリコ・イェンセン

Danmark

Kamakura

もくじ

わが家のインテリア

[Sådan bor vi]

デンマークの人たちは、住まいにかける手間を惜しみません。DIYを駆使して、自分たちらしい個性豊かな空間を手作りで演出するのです。私たち家族が暮らす鎌倉の家も、自分たちの手でリノベーションして作り上げた空間です。まずは、そんなわが家のインテリアからご紹介します。

はじめに

鎌倉の家のこと

東京都内のマンションで暮らしていた私たちが、鎌倉に一戸建てを購入したのは2010年末のこと。緑に囲まれた住宅地に建つ２階建ての古い日本家屋で、小さな庭もついていました。海も山も近く、自然を身近に感じられる環境は、家族全員、ひと目で気に入りました。問題は内装をどうするか。「自分たちが暮らす家なのだから、自分たちの手で改装しようよ」。そんな夫のひと言で、家族みんなでリノベーションすることに決めたのです。

以来、普段は東京で暮らしながら、週末になると家族みんなで鎌倉へ通い、文字通りの〝日曜大工〟で家作りに取り組みました。もともと大工仕事が得意だったとはいえ、夫にとっても本格的な家作りは初めての経験。正直「本当にだいじょうぶなのかな」という不安もあったのですが、夫は「デンマークでは、みんなやっていることだよ」と涼しい顔。図面を引き、素材を選び、わからないことがあれば、知り合いの職人さんに相談する。そん

小さな部屋に区切られていたもとの1階。壁は取り払うことにしました。

作業をする夫の横には、いつも息子が。2歳だった長男も、興味津々。

床板をはがし、断熱材を入れ、フローリングも自分たちで貼りました。

余った木材で釘を打つ練習をする長男。このときばかりは無言！

長男が一番楽しんでいたのはペンキ塗り。意外と上手に塗りました。

な試行錯誤を繰り返しながら、焦らず、コツコツと作業を続けました。

まだ幼い息子たちにも、ずいぶん作業を手伝わせました。「自分も家作りを手伝ったという経験は、きっと大切な想い出になるはず」と、子供たちにもできることは、大人と一緒に作業に挑戦させることしました。壁に断熱材を入れたり、ペンキを塗ったり。「ここは僕が塗ったんだよ！」と得意げに示す息子の笑顔を見ると、やっぱり手伝わせて正解だったなぁとしみじみ思いました。

そんな暮らしを続けること約3年。2014年の春、やっと引っ越せることになりました。まだ手を入れていない部分はありますが、日常生活に必要な空間はほぼ完成しています。

床にはスウェーデン産のパイン材、天井には長野産のカラマツを使い、壁はホタテの貝殻が原料の漆喰《しっくい》を塗りました。横長の窓はガラスを特注し、キッチンのシンクや水栓もひとつひとつ自分たちで選んで取り付けました。素材やパーツにまでこだわれたのも、自分たちで手がけたからこそ。私たち家族にとって、理想の空間ができ上がったと思っています。

木工教師だったデンマークの義父が、助っ人に駆けつけてくれたことも。

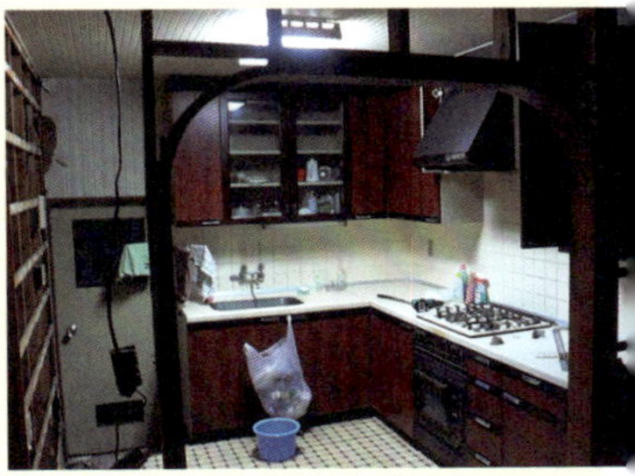

キッチンスペースも、もとはこんな昭和レトロな感じの空間でした。

週末は工事現場の仮スペースが生活の場。キャンプのような日々でした。

01　ダイニングテーブル

古い木材を生かしたダイニングテーブルは、夫の手作り。実はこの天板、拾ってきたもの。夫婦で千葉の海岸を散歩しているとき、浜辺に打ち上げられている大きな板を見つけて、鎌倉まで運んできました。きれいに洗い、傷んだ部分にかんなをかけて、脚をつけたら、立派なダイニングテーブルに変身。海の水で洗い流されたからか、表面がいい感じに古びているのが気に入っています。古材は見た目が味わい深いだけでなく、表面に傷やシミがついても目立たないので、食卓の天板にはぴったりの素材だと思っています。

02　ペンダントライト

食卓を照らす明かりは、デンマークのレ・クリント社のもの。プラスチックペーパーを職人が手で折って仕上げる独特のシェードは、北欧デザインの代表格。昼間もオブジェのような存在感がありますが、夜電気をつけると、やわらかな光が漏れ、折り目にもかすかな陰影が浮かぶので、とてもきれいです。ダイニングテーブル全体を照らしたかったので、わが家ではお揃いをふたつ並べて吊るしてみました。シャープでモダンなデザインなのに、どこかあたたかみを感じさせるのは、ハンドクラフトならではの魅力です。

03　ラグ

ダイニングに少し差し色を加えたくて、IKEAで見つけたブルーのラグを敷きました。わが家には6歳と4歳になるわんぱく盛りの2人の息子がいるので、食べ物や飲み物をこぼすこともしばしば。このラグは、アウトドアでも使用できる丈夫なプラスチック繊維なので、汚してもサッとふくだけでOK。メンテナンスが簡単なので、気兼ねなく使えます。鮮やかなブルーに細いオレンジのストライプを組み合わせた柄は、最初「ビビッドすぎるかな」とも思ったのですが、実際に敷いてみると、意外としっくりなじみました。

04 薪ストーブ

冬にデンマークの家庭を訪れると、団らんの中心には、たいてい薪《まき》ストーブがあります。デンマークのイェンセン家にも、大きな薪ストーブがありました。ちらちらと揺れる炎、パチパチと薪がはぜる音、ほのかに漂う木の香り——。五感に訴えかけてくる薪ストーブには、部屋を暖めるだけでなく、みんなの気持ちまであったためてくれるパワーがあるような気がします。そんなあたたかさを求めて、わが家のリビングにも、薪ストーブを設置しました。

薪ストーブにもいろいろなタイプがありますが、わが家が選んだのは、デンマークの薪ストーブメーカー、HWAM（ワム）のキッチンストーブ。

昔ながらの四角いシンプルなデザインも素敵ですが、決め手はなんといっても、オーブンがついていること。天板部分もコンロとして使えるので、部夫が息子たちと作った薪置き場。夏の間に薪を乾燥させておきます。

屋を暖めながら、お湯を沸かしたり、オーブン料理を作ることができるのです。薪が火力なのであまり高温にはなりませんが、煮込み料理やお菓子作りには大活躍します。デンマークの義母や義姉にもレシピを教わって、いろいろ試してみるつもりです。

一方夫は、２人の息子たちに薪割りの方法や炎の管理を特訓中。長男は６歳、次男はまだ４歳ですが、わが家ではもっと幼いときからナイフやのこぎりを持たせて、大工仕事などに挑戦させてきました。見ていてハラハラしてしまうことも多いですが、刃物や炎を安全に管理する方法を学んでおくことは、とても大切だと思うからです。夫が大工仕事やアウトドアが得意なのも、デンマークの義父に教えられてきたからこそ。今度はその知識を、息子たちに伝える番です。

わが家の薪ストーブは、父から子へと、大切な知識を伝えるための、格好の教材といえるかもしれません。

コンロでお湯を沸かしながら、オーブンで料理も作れるのでとても便利。

薪割り用の斧。息子たちには使い方や管理をきちんと教えていくつもり。

05 埋め込み本棚

壁をコツコツ叩いて、突然中が空洞のような音がしたら、その奥にデッドスペースがあるかもしれません。わが家のリビングにも、壁の裏に空間を発見。かなり大きな空間だったので、そのままにしておくのはもったいないと、デッドスペースに合わせて、夫が埋め込み式の本棚を作ってくれました。

民家の解体現場でもらってきた廃材の味わいをそのまま生かした棚をはめ込んだら、かなり収納力のある本棚に。おかげでリビングを広く使うことができました。２段目右のラジオは、夫のお気に入り。古道具屋で見つけた中古品ですが、今も現役。箱型のスピーカーから、いい音が出るんですよ。

こういうちょっとしたスペースを、アイデア次第で上手に利用するのも、DIYの楽しさのひとつ。壁の裏、ぜひ調べてみてください。

06 キャビネット

　リビングにキャビネットが欲しかったので、夫と２人で探してみたのですが、なかなか思うような家具が見つかりません。そんなとき、鎌倉のリサイクルショップで見つけたのが、引き出し付きの小さな２つのキャビネット。木目の表面にはあちこち傷があり、つまみの塗装もはがれかけて、見た目はイマイチ。でも作りはしっかりしていたので、夫が「これをリメイクしよう！」と即決。ふたつをつなげ、古材を天板にし、北欧家具のような細い脚もつけてくれました。ベースには濃いグレー、引き出し部分には少し明るめのグレーのペンキを塗り、つまみも白く塗り替えたら、見違えるようなキャビネットが完成。夫は「本当はフィン・ユールのサイドボードが欲しかったんだけど……」とつぶやきながらも、なかなかの出来映えに満足顔でした。

07　ソファ

ソファも、なかなか決まらなかったアイテムのひとつ。問題はわんぱく盛りの息子たち。当分の間、リビングは子供の遊び場でもあるので、彼らにとっても心地いい空間にするには、立派なソファはまだ早そう（ちなみに、本棚の前にぶら下がっているのはIKEAで買った吊り輪。兄弟揃って、毎日これにぶら下がっています）。そんな話を友人にしたら「じゃあ、うちのソファはどう？」と、引っ越しで処分する予定のソファを譲ってくれました。背のないフラットなタイプで、座高も低め。これなら息子たちが飛び跳ねたり、寝転がったりしてもだいじょうぶ。座面は黒い布張りだったのですが、わが家のアクセントカラーである水色の生地でカバーを作ってかけ替え、L字型に配置しました。大人にも子供にも心地いい空間を作るって、難しいですね。

08　クッション

ソファに背もたれがないので、壁によりかかってくつろぐにはクッションが欠かせません。クッションは、リビングに季節感を演出できるアイテムでもあるので、色や柄、素材などが違うカバーを揃えて、シーズンごとに取り替えることを楽しみにしています。デンマークの義母や私が刺繍した生地を縫い合わせたもの、夫の古いシャツをリメイクしたもの、ニット編みやかぎ針編みのカバーなど、買ったものも含め、ほとんどはハンドメイド。手仕事で仕上げられた布小物ならではの、独特のぬくもり感が大好きなんです。

デンマークのニットデザイナーのクッションカバー。ネットショップで見つけたお気に入りです。

09

ベッドカバー

どんな高価な品物でも、心のこもった「手作りの贈り物」に勝るものはない——。それがデンマークの人たちのプレゼントに対する考え方。その言葉の意味を実感したのが、デンマークの義母から結婚祝いに届いたこのベッドカバーでした。

白い布に白い糸を使った伝統的な刺繍は、義母が長年作りためていたもの。ベッドカバーにするには少し足りなかったらしく、親戚や友人が作った刺繍や、集めていたアンティークの刺繍なども繋《つな》ぎ合わせて、見事に仕立ててくれました。大切な刺繍を惜しげもなく使い、手間暇かけて作ってくれた気持ちが本当にうれしくて、わが家の宝物になりました。

子供たちが部屋で使っているキルトは、夫が長い間ベッドカバーとして使っていたものですが、これも義母の手作り。夫がひとり暮らしをするために家を出るときに、「実家で過ごした日々を思い出してね」と、息子のために贈った思い出深いキルトです。

私もいつか、息子たちにこんな贈り物ができたらいいなぁと思っています。

作り手も模様もひとつひとつ異なる刺繍のパッチワークは本当にきれい。

夫が贈られたキルトの裏には刺繍で「幼少時代の国」という意味の言葉が。

デンマークの義母の刺繍は、ベッドルームの壁にも飾っています。

10　Yチェア

わが家のダイニングで愛用しているのは、デンマークを代表するデザイナー、ハンス・J・ウェグナーのYチェア。美しいフォルムと、木とペーパーコードを組み合わせたナチュラルな素材感、ゆったり腰掛けられる座り心地が大好きで、昔からあこがれていた椅子でした。結婚したとき、ちょっと高価でしたが2人共どうしてもこの椅子が欲しくて、まずは2脚だけ購入。しばらくしてデンマークの義父が2脚もプレゼントしてくれたので、ダイニングに4脚揃いました。最近、このブラックペーパーコードのYチェアを買い足したので、今は5脚に増えました。最初の2脚を買ってから、もう12年になりますが、長く使っても本当に飽きのこないデザイン。一生大切に使い続けていきたい家具のひとつです。

11　ニースブルー

1階のリビングダイニングは、床も天井も木肌を生かした作りなので、2階はちょっと雰囲気を変えて、色を加えてみることにしました。ホーローのキッチンウェアのような、ちょっとくすんだ水色は、ニースブルーという夫のお気に入りカラー。2階のドアや踊り場の手すりは、このニースブルーのペンキを塗り、壁にも白いペンキを塗りました。テーマカラーをひとつ決めておくと、組み合わせるアイテムも揃えやすくなります。廊下のラグや、壁にかけた絵も、すべてブルー系で揃えたら、うまくなじみました。右奥の壁にかかっているのは、グラウンドを整地するのに使うトンボ！　鎌倉の海岸に捨てられているのを見つけたのですが、偶然にも色がニースブルー。階段の真上にかけたら、いいアクセントになりました。

Madam Blå

キッチンの小物たち

[Køkkengrej]

デンマークの人たちは、友人たちを招いてホームパーティーを開くのが大好き。キッチンを人に見せる機会が多いからか、キッチンのインテリアにも工夫を凝らします。機能的で、見た目もちょっと個性的な小物たちは、日々の食事作りを楽しくしてくれるアイテムでもあります。

12　水色のホーロー

わが家のキッチンに、ちょっとレトロな雰囲気を加えてくれているのが、水色のホーロー製のキッチンウェア。デンマークの蚤《のみ》の市へ行くと、ホーローのキッチンウェアをよく見かけますが、なぜか水色だけは数も種類も豊富。その理由は、1966年にデンマークのグルザ＆マーストランド社から発売された「Madam Blå（マダム・ブロ…〝青い婦人〟の意味）」という水色ホーローのコーヒーポット。当時のヒット商品で、「マダム・ブロ」という商品名がホーロー製ポットの代名詞になるくらい、ポピュラーなのだとか。他のキッチンウェアも、ポットとお揃いの水色が人気だったそうです。

残念ながらわが家にポットはないのですが、やわらかな水色と、ユーズドならではの古びた感じが好きで、ざるや調味料入れを愛用しています。

13　プレート用クロス

日本でも、和食器を重ねて保管するとき、傷がつかないように器と器の間に、さらしの端切れなどを挟むことがありますよね。デンマークの家庭でも、大切な食器を保管するときは、プレートの間にクロスを挟みます。でも、驚いたのはそのクロス。クリスマスに帰省したとき、食器棚からクリスマス用の食器を取り出してみると、食器の間から刺繍のクロスが出てきたのです。「見えないところにも、こんなに手間をかけるなんて！」と、びっくりしたのですが、よく見ると１枚１枚、模様や生地が違います。なるほど、余った生地や糸を使って、練習がてらいろいろな模様を刺し、プレート用のクロスにしたのでしょう。以来私も、練習した端切れは、食器用クロスとして利用しています。刺繍の練習にはぴったりの大きさなので、おすすめですよ。

14　アンティークの缶

私も夫も、古いものが持つ独特の味わいが大好き。昔から、夫婦で旅行すると、必ず現地の古道具屋さんを訪ねて、宝探しのような感覚で、アンティークの雑貨や、フックやドアノブなどのパーツ類を買い集めてきました。

わが家のキッチンにも、そんな〝宝探し〟で見つけたアイテムが、いくつか現役の道具として並んでいます。この赤いアンティークの缶たちは、デンマークに帰省するたびに、蚤の市や骨董品店を訪ねて、少しずつ買い集めたもの。コーヒー豆を入れる保存容器なのですが、なぜかみんな同じ赤色。昔は「コーヒー豆といえば、赤い缶」みたいな規格があったのかどうかはわかりませんが、大きさも色も、なんとなくお揃いになったので、コーヒー豆や紅茶の茶葉を入れて、キッチンの棚に並べています。

15　ミトン

➡作り方は P.98

キッチンで使っているミトンは、レザーとフェルトを縫い合わせて、自分で作ったもの。レザーは素人が加工するのは難しいかと思っていたのですが、クラフト用の薄いレザーを使えば、意外と簡単に縫えます。

慣れないレザーにチャレンジしたのは、デンマークの義父へのプレゼントを作りたかったから。薪ストーブをくべるときに使う、革のグローブを手作りしてみようと思ったのです。両面レザーのグローブも無事完成しました。

毛糸で刺繍したヘラジカ模様は、北欧雑貨に定番のモチーフですが、イェンセン家では、ヘラジカ模様は義父のトレードマーク。義父はヘラジカが大好きで、ヘラジカ模様の雑貨を集めたり、木工作品にヘラジカ模様を入れて楽しんでいます。何かひとつ、好きなモチーフがあるっていいですね！

16 トレイ

古道具屋さんの店先をのぞいていたとき、やわらかな曲線と木肌が美しい素敵なトレイを見つけました。でも、残念なことに、縁《ふち》の部分が少し壊れていたのです。「うまく直せるといいけど…」と、買って帰ったまではよかったのですが、木工が得意な夫も、このトレイの修復には苦戦。「そうだ、デンマークの父さんに頼んでみよう！」と、トレイを持って帰省しました。

「やってみるよ」と快く引き受けてくれた義父から帰国前に渡されたトレイは、どこが壊れていたのかわからないくらい、きれいに修復されていました。「ファーファー（デンマーク語で〝おじいちゃん〟の意味）、すごい！」と息子たちも尊敬のまなざし。写真の右奥がそのトレイ。左は、フィン・ユールのターニングトレイ。どちらもわが家のお茶の時間に欠かせないアイテムです。

17 トレイバンド

➡作り方は P.100

トレイバンドとの出会いは、デンマークの蚤の市。かわいらしい刺繍が施されたリボンが、2本セットで金属のリングと一緒に売られていました。「何に使うんだろう？」と思って義母に聞いたら、壁にトレイをぶら下げる〝トレイバンド〟という道具だと教えてくれました。

デンマークでは、1970年代に大流行したアイテムで、今でも「ちょっとレトロなキッチンアイテム」として人気があるそうです。使ってみると、意外と置き場に困るトレイが楽に収納できて、出し入れも簡単。壁のワンポイントにもなるので、とても機能的。自分でもさっそく手作りしてみました。幅の広いリボンは、小さな刺繍の図案がバランスよく配置できるサイズ。クロスステッチなどで好みの図案を刺して作っても、かわいく仕上がりそうです。

18　ペーパーホルダー

キッチンのカウンターで使っているペーパーホルダーは、デンマークの義父が作ってくれたもの。木工教師をしていた義父は、DIYの達人。家や家具の修理から、キッチンやデスクで使う小物まで、何でも器用に作ってくれます。しかも、デザインがとってもかわいいんです。このペーパーホルダーも、てっぺんには義父のトレードマークであるヘラジカが。角の部分は、本物のヘラジカの角を削って、はめ込んであるんですよ。

義父が作ってくれたような凝ったデザインは難しいけれど、シンプルなペーパーホルダーなら、誰でもすぐに作れます。ホームセンターで土台の板と円柱の木材を買って来て、釘かビスで止めるだけ。トイレットペーパーをストックするホルダーにもできます。簡単なので、ぜひ試してみてください。

19　エプロン

➡作り方は P.99

お揃いで使いたいランチョンマットが１枚だけ余っていたり、サイズや色が合わなくて引き出しに眠ったままのキッチンクロス、ありませんか？

そのまましまっておいても無駄になってしまうので、私は自分や子供のエプロンにリメイクしています。ランチョンマットやキッチンクロスはもとの柄もかわいいし、生地もしっかりしているのでエプロンにぴったりなんです。

リメイクといっても、端を切って縫い、平ひもをつけるだけの簡単なもの。ランチョンマットくらいのサイズでも、小さな子供の胸当て付きのエプロンが作れます。大人用にするなら、北欧でよく使われている大判のキッチンクロスが便利です。余り布でポケットをつけたり、ワンポイントに刺繍を加えたりと、いろいろ工夫してみると楽しいと思います。

20　ミニカーテン

夫が作ってくれたキッチンのカウンターは、ダイニング側が食器棚になっています。扉をつけるかどうか悩んだのですが、出し入れのしやすさを考えて扉はつけず、目隠しにミニカーテンを付けることにしました。

このカーテンも、実はリメイク。もとは白い生地に緑の糸で刺繍を施した自作のテーブルクロスでした。使っているうちにあちこちシミがついてしまったのですが、捨てるのも惜しいし、どうしようかと思っていたもの。カーテンにしてタックを寄せれば、シミも目立たなくなるだろうし、刺繍の柄も楽しめるので、思い切って半分にカットして、カーテンに作り替えました。

新しいものをイチから作るのも楽しいですが、使えなくなったものを、別のなにかに作り替えることができるのも、ハンドメイドの楽しさです。

21　鉄瓶

使い込むほど風合いが増す道具には、〝育てる楽しさ〟があります。結婚したばかりのころ、新品で買ったこの鉄瓶も、最近、少しずつ貫禄が出てきたような気がします。日本へ来て、初めて鉄瓶を知った夫は、鉄瓶で淹《い》れたお茶のおいしさに感激。長く使い続けると、よりお湯がまろやかになると聞いて、がぜん〝育てる〟気になったようです。ただ、持ち手で何度かやけどしそうになったらしく、革の持ち手を縫い付けてくれました。

冬の間は、薪ストーブの上が定位置。しゅんしゅんとかすかな音をたてながら、注ぎ口から細い湯気が上がる様子が、部屋にあたたかなぬくもりを加えてくれます。大切に使い続けて、いつか、年月を重ねたものだけが持つ、あの独特の風合いを生み出すような、素敵な鉄瓶に育てたいと思っています。

テーブルウェア

[Tallerkener mm.]

同じ食卓でも、テーブルの上をちょっと工夫するだけで、さまざまな表情が出てきます。日々の食卓、誕生日、ホームパーティーや年中行事――。それぞれのシーンに合わせ、わくわくするようなテーブルを演出したいもの。わが家の食卓では、ハンドメイドの小物が大活躍しています。

22 ロイヤルコペンハーゲン

透明感のある白い肌と、コバルトブルーの手描きの絵柄が好きで、わが家の洋食器は、ロイヤルコペンハーゲン。オーブンウェアや大皿、角皿などをシリーズにこだわらず、必要なとき、必要な数だけ少しずつ買い揃えてきました。ロイヤルコペンハーゲン同士なら、どんな風に組み合わせても統一感が出るし、和食のメニューも映えるので、とても使いやすいんです。最近買い足したのは、「ホワイトフルーテッド」というシンプルなオーブンウェア。ふたつきなので、保存容器としても使え、重宝しています。

息子が生まれた年には、友人がイヤープレートを贈ってくれました。誕生日は、このイヤープレートで祝うのが習慣。息子たちが大人になったら、イヤープレートを譲り渡すつもりなので、大切に使い続けています。

23 ナプキンリング

➡作り方は P.102

クリスマスや誕生日のテーブルには、必ずナプキンをセットしています。最近は、デンマークでも食事のたびにナプキンを使う家庭は少なくなっているようですが、ひと昔前までは、日々の食卓に欠かせないアイテムだったそう。「家族それぞれが、自分専用のナプキンリングを持っていたのよ」。そう言ってデンマークの義母が見せてくれたのは、少女のころ、初めて自分で選んだという木のナプキンリング。小さなナプキンリングにも、いろいろな思い出が詰まっているのだろうなぁと、なんだかあたたかい気持ちになりました。

わが家のナプキンリングは、北欧のハーダンガー刺繍を取り入れて、手作りしてみました。１人ずつ糸の色を変えても楽しいし、食器やテーブルクロスとお揃いの色でコーディネートしてもきれいですよ。

24　コースター

➡作り方は P.104

北欧に古くから伝わる刺繍の技法が、ハーダンガー。平織りの布に刺繍をした後、布の織り糸を切って引き抜き、穴を空けて独特の幾何学模様を作るのが特徴です。もともとはノルウェーのハルダンゲル地方で生まれた技術ですが、デンマークでも昔から広く親しまれています。

白い布に白い糸で刺し、縁もすべて刺繍を施すのが伝統的な手法ですが、私は自己流にアレンジして、日々の暮らしに使える小物に生かしています。このコースターも、ハーダンガー刺繍を生かしたもの。ナチュラルなリネンに、食卓の差し色になるよう、カラフルな糸を使ってみました。

コースターって、脇役に見えても、実はテーブルコーディネートの印象を左右するアイテム。食卓に、ハンドメイドのぬくもりを加えてみてください。

25 エッグカバー

➡作り方は P.106

洋食でも和食でも、朝ご飯の定番といえば、やっぱり卵料理。なかでも一番シンプルなのがゆで卵ですが、デンマークの家庭では、ゆで卵をスタンドに立てて、かわいらしいカバーをかけて食卓に並べます。カバーをかけるのは、ゆで卵を冷まさないため。あたたかい料理は、たとえゆで卵でも、あたたかいままで。冬はもちろん、夏でも朝晩が冷え込む北欧の気配りです。

慌ただしい朝の食卓も、エッグスタンドとエッグカバーがあると、とても華やぎます。わが家では、最近3羽の烏《う》骨鶏《こっけい》を飼い始めたので（P.80）、2人の息子たちも、朝の卵をとても楽しみにしています。写真のエッグカバーは、シンプルなステッチで模様を作りましたが、家族の名前を刺繍したり、柄物の生地で作ったりしても、かわいく仕上がると思います。

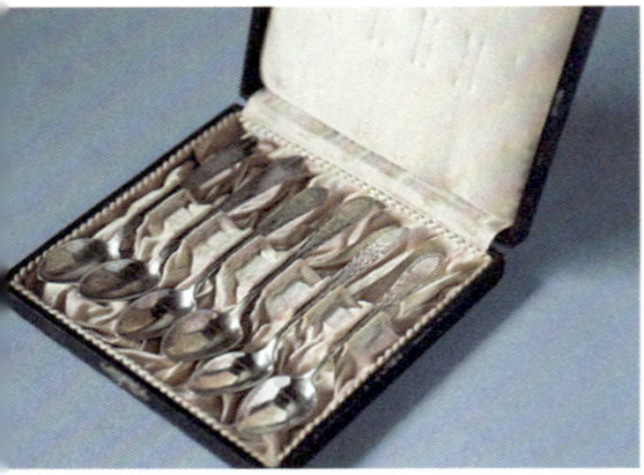

デザートスプーンのセットは、私たちが結婚したときに譲り受けたもの。

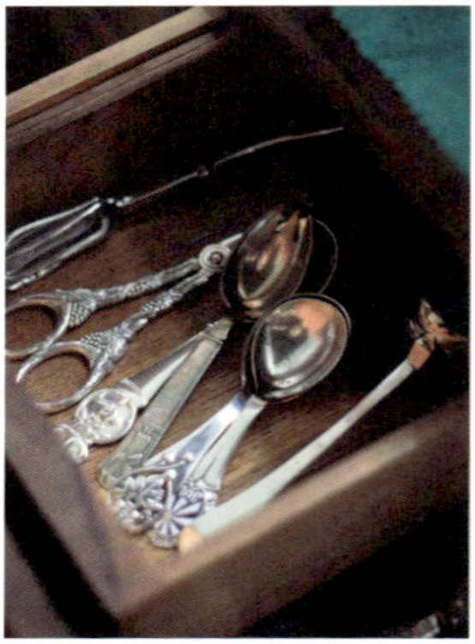

デンマークの家で使っているシルバー。磨くのは義父の役目なのだそう。

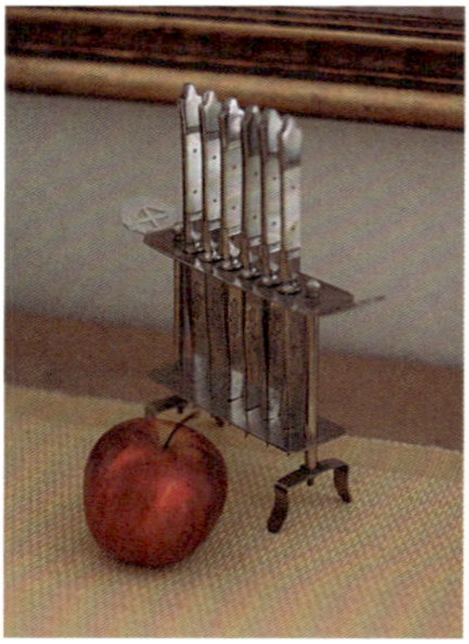

こちらもデンマークの家のもの。便利なスタンドつきのナイフのセット。

26

シルバー

デンマークの義父母がとても大切にしている日用品のひとつが、シルバーのカトラリー。イェンセン家には、代々引き継がれているカトラリーのセットがいくつかあって、19世紀に作られた古いものも残っています。

もちろん、すべてがアンティークというわけではありません。義父母の代から加わったものもたくさんあります。結婚の記念に夫婦のイニシャルを刻印したスプーンやフォーク、息子が生まれたときにプレゼントされたベビースプーン。本物のシルバーですから、それなりに値も張ります。一度にたくさんは揃えられなくても、人生の節目節目に、少しずつ買い足して、家族の大切な日の食卓に並べる。そして、時期がくれば、息子や孫へと譲り渡して引き継いでゆく——。デンマークの人々にとって、シルバーのカトラリーとは、家族の歴史を伝える道具でもあるのです。

わが家にも、デンマークの父と母から譲り受けたシルバーがあります。いつか、息子たちに譲り渡す日がくることでしょう。

27 カトラリーケース

➡作り方は P.107

代々伝わるシルバーを譲り受けたものの、最初はつい「こんな大切なもの、普段から使うのはもったいない！」と、大切にしまい込んでいました。それを見た夫は「使わない方がもったいないよ。子供にも使わせるべきだよ」。とひと言。「本物のよさは、子供のうちからたくさん使わせて、教えるべき」というのが、デンマーク流の考え方。ホームパーティーなどでは、赤ちゃんにも一人前のテーブルセッティングが用意されるのだそうです。そこでわが家の息子たちにも、普段からシルバーのカトラリーを使わせることにしました。

でも、普段使いしていると、セットのカトラリーがバラバラになったり、なくしてしまったりしそうなので、私はカトラリーケースを作って収納しています。ひと目で数が確認できるし、傷もつきにくいので、おすすめです。

コラム

デンマークのイェンセン家

ここでデンマークの家族についても、少しご紹介しておきますね！

サンタクロースのような白いあごひげがよく似合うイェンショーン父さんは、おしゃべりとお酒が大好き。いつも冗談を言ってみんなを笑顔にしてくれますが、肝心なときにはさりげない気遣いができる紳士です。地元の学校で長年木工教師を務めた大工仕事の達人で、イェンセン家の内装はもちろん、家具や雑貨まで、木で作れるものなら何でも作ってくれます。自宅には本格的な作業場があり、夫のイェンスも、ここで小さなころから父さんに木工を習いました。

いつも家族の輪の中心にいるのは、エルセベット母さん。おおらかで楽観主義。気持ちがとても若くて、真っ赤なコートや赤い木靴も素敵に着こなしてしまうおしゃれなお母さんです。とても料理が上手で、義母が作るライ麦パンや野菜のピクルスは絶品。ニット編みも得意で、孫たちのためによく帽子やカー

2人の息子たちも、おじいちゃんとおばあちゃんのことが大好き。

今日のおやつは、イェンショーン父さんが焼いてくれたワッフル！

庭のたき火に当たりながら、久々の母子水入らず。話が尽きません。

公園並みに広い庭の唯一の欠点は、芝の手入れがとても大変なこと。

わんぱく息子と、全力で遊んでくれる元気なエルセベット母さん。

ディガンを編んでは、誕生日やクリスマスにプレゼントしてくれます。好奇心も旺盛で、最近、日本語も学び始めました。

そんな２人には、３人の息子がいます。夫のイェンスは、３兄弟の一番下。一番上のミグル兄さんは、実家から車で１時間ほどの大都市・オーフスに、二番目のヨーナス兄さんは、車で２時間半ほどかかるモースに、それぞれの家族と暮らしています。兄弟３人とても仲がよくて、クリスマスや夏休みには、妻や子供を連れてみんなで集まります。

ミグル兄さんには１男１女、ヨーナス兄さんには２男１女、そしてわが家にも２人の息子がいるので、親戚が大集合したイェンセン家はまるで幼稚園か小学校のようににぎやか。

義理の父と母は２人とも元教師だけあって、子供たちの扱いがとても上手。イェンショーン父さんと庭で木のおもちゃを作るお兄ちゃんグループがいるかと思えば、家の中ではエルセベット母さんとクッキーを作ったりするちびっこグループも。夏の間、親戚たちとひとつの大家族として過ごす機会は、みんなにとってかけがえのない時間になっています。

ボードゲーム好きの長男に一番付き合ってくれるのがおばあちゃん。

親戚や友人が大集合。甥っ子姪っ子も、年が近く、みんな仲良しです。

イェンセン家の男子はみんな木工が大好き。何やら乗り物を製作中。

PENGEPOSTKASSE
HERI MAA IKKE
LÆGGES FALSKE PENGE
TOMMES
EFTER BEHAG

窓と壁

[Vinduer og vægge]

北欧らしいインテリアに欠かせないのが窓飾り。緯度の高い北欧では、冬の間太陽の光が射す時間がとても短いので、明るい窓辺は格好のディスプレイコーナーなのです。また、壁の演出がとても上手。壁に色を塗ったり、壁際に照明を取り入れたりすると、部屋の雰囲気が一変します。

28 窓飾り

鎌倉の家のリビングの窓には、カーテンがありません。窓がちょうど裏山に面した方向を向いているので、幸い目隠しをする必要がないのです。デンマークの郊外でも、リビングにカーテンがない家は少なくありません。昼は外からの光、夜は家の明かりで照らし出される窓辺は、家で一番のディスプレイコーナー。室内から楽しむだけでなく、外を通る人からも美しく見えるように窓を飾るのです。わが家でも、そのときどきの季節を感じられるような花や小物を飾る場所として利用しています。

29 季節の花

鎌倉の家に来てうれしかったことのひとつが、裏山や庭に四季折々の花が咲くこと。東京のマンションに住んでいたころは、部屋に生ける花を買うことが多かったのですが、鎌倉に引っ越してきてからは、庭先で花が手に入るようになりました。リビングの窓にカーテンをつけない理由のひとつは、そんな窓から見える庭や裏山の景色を、常に身近に感じていたいから。窓辺に飾った花は、季節を感じさせてくれるだけでなく、外の自然と室内の空間をゆるやかにつなげる役割も果たしているような気がします。

30 キャンドル

デンマークのイェンセン家では、昼も夜も、普段から本当によくキャンドルを灯《とも》します。特に日の射す時間が短い冬の間は、まだ少し明るい昼間のうちから窓辺にキャンドルに火が灯されます。日本だと、ろうそくの炎はちょっと特別な火を演出するアイテムですが、イェンセン家では小さな照明のひとつとして、キャンドルはまだまだ現役。ちらちらと揺れる小さな炎は、電気の明かりにはない、あたたかな雰囲気を運んできてくれます。キャンドルは１本だけ灯すと逆にさみしくなるので、何本か並べて灯すといいですよ。

31 緑のペンキ

リビングや寝室の壁は白を基本にしたので、どこか1か所くらい、壁に色を取り入れたくて、洗面所の壁を緑のペンキで塗ってみました。

光の加減も影響するし、どんな雰囲気になるかは塗ってみないとわかりません。ペンキの色見本を見ながらどの色にするか決めかねていたところ、たまたま近所で見つけたのがオーダーペンキの専門店。好みの色に調合してくれるので、ローレルグリーンをオーダーし、ドキドキしながら自分で塗ってみました。思ったより落ち着いた感じに仕上がって、ホッとしました。

32 フレーム

デンマークの家庭を訪問すると、どのお宅も壁の演出がとても上手。特に、見ていて楽しくなるのがフレーム使い。家族の写真やお気に入りの絵、刺繍の図案など、フレームの中身に、住む人の好みや生活が現れているのです。友人を家に招くことが多いデンマークの人々にとって、壁のフレームはお客さまとの話題を作るきっかけになっているのかもしれません。そんなデンマークの家庭をお手本に、鎌倉の家にもいくつかフレームを飾っています。中身はそのとき気に入ったもの。気分によって取り替えるのを楽しんでいます。

33 ブラケットライト

部屋全体を大きなシーリングライトひとつで照らすより、小さな明かりをあちこちに配置するほうが好き。壁に直接取り付けるブラケットタイプのライトは、コーナーを雰囲気よく照らし出せる便利なアイテムです。

洗面所の窓枠の上にも、小さなブラケットライトを取り付けました。デンマークの義父が「これ、どこかの照明に使えないかな」と送ってくれたものが、ぴったりなじみました。本来は玄関ドアの上に取り付けるアウトドア仕様のライトなのだそう。ちょっと無骨な感じが、いいアクセントになりました。

◇ 34 フック

北欧製のキッチンクロスを買うと、たいてい引っ掛け用のループがついていますよね。北欧の人は、引っ掛け収納が大好き。キッチンクロスや洗面所のタオルはもちろん、衣類やキッチン小物なども、色や柄などを上手にコーディネートすれば、壁のアクセントを兼ねて機能的に収納できます。

引っ掛ける場所も、DIYで簡単に作ってしまいます。わが家の玄関の壁に取り付けたコート掛けも、夫のお手製。夫は昔からフックや取っ手などのパーツが大好きで、蚤の市や古道具屋さんを訪れるたびに、気に入ったものだけを少しずつ買い集めていました。このコート掛けも、そんな古いパーツを流木に取り付けただけのシンプルな作りですが、とても重宝しています。よく見ると、フックの大きさや形がひとつひとつ、微妙に違うんですよ。

35　ふすま×壁紙

鎌倉の家で、もとの姿を留めている唯一の部屋が、この和室。他の部屋の改装で手一杯でしたし、畳のまま残しておけば、フレキシブルに使えるので、しばらくはもとのままの状態で残しておくことにしました。

とはいえ、ところどころ傷んで日焼けしていたふすまくらいは張り替えたい。せっかくなのでちょっと遊んでみようと、デンマークで買った真っ赤な壁紙を貼ってみました。少し赤が強いかなと思ったのですが、意外とおもしろい効果が出たような気がします。いいパーツが見つかれば、取っ手の部分も取り替えて、モダンな和室に改装してみたいと思っています。

色や柄が豊富に揃った壁紙は、壁の一部分だけポイント使いしたり、パネル貼りにして飾ったりと、アイデア次第でいろいろ使えるアイテムです。

◇ 36　スポットライト

リビングの壁の天井付近にスポットライトとして取り付けたのは、昔ながらの事務用デスクライト。夫のアイデアで、台座を壁に埋め込み、ライトとアームの部分だけを使って、可動式のスポットライトに変身させました。

壁に飾った絵やフレームに光を向けると、ディスプレイした部分に自然と視線を集める効果があるうえ、光が壁に反射して、やわらかな間接照明の役割も果たします。スポットライトをいくつか点在させると、壁際にひとつひとつ違った光と陰のコントラストが生まれます。ライトの向きや位置をちょっと変えるだけで違った印象になるので、いろいろ試してみてください。

ちなみに写真の絵は、長男が４歳のときに夫と一緒に描いたもの(P.61参照)。スポットライトを当てるだけで、立派に見えるでしょう(笑)？

子供のアイテム

[Til børnene]

ハンドメイドが大好きなデンマークの人たちは、子供たちにも〝作る喜び〟を上手に教えます。子供の服やおもちゃも手作りのものを与え、小さなうちから日曜大工や手芸に挑戦させるのです。そんな子供たちが作ったアイテムも、インテリアのかわいらしいアクセントにもなります。

37 ニットのベビー服

わが家に長男が生まれたとき、デンマークの義母から贈られたのが、この水色のニットのロンパース。もともとは、夫のイェンスが生まれたときに、義母が息子のために編んだものだそうです。とてもお古とは思えない、きれいな状態で届いたのには、びっくりしました。何度も着せたそうですが、その都度ていねいに洗って、大切に保管してくれていたのでしょう。心を込めて作ったものは、たとえ日用品でも、長く大事に扱う。そんなデンマークの義母の、暮らしに対するていねいな姿勢を、私は心から尊敬しています。

夫が着たベビー服は、長男のお出かけ着になり、何年か後には次男にも引き継がれました。今度は私が大切に保管して、いつか息子のどちらかに、このベビー服を譲る日が来たらいいなと思っています。

38 ベビーシューズ

2人の息子が赤ちゃんのころ使っていた日用品は、どれもかわいらしくて、愛着のあるものばかり。とはいえ、さすがに全部を取っておくことはできません。シミがついてしまったスタイや、着古してしまったベビー服などは、鎌倉に引っ越してくるとき思い切って処分し、本当に思い出深い品だけをいくつか選んで手元に残し、大切に保管しておくことにしました。

このベビーシューズも、そんな品の一部。生まれたばかりの息子のために、私がフェルトで作ったものや、デンマークの義母がニットで編んでくれたものなどです。ちっちゃな靴は、見た目もとてもかわいいので、ただしまっておくのももったいない。ちょうど刺繍用の糸玉がぴったり入るサイズだったので、私の作業机の上に飾って、糸玉入れとしても使っています。

39 木のおもちゃ

息子たちが遊ぶおもちゃも、わが家は手作り。もちろんすべて手作りというわけにはいきませんが、小さなころから、ハンドメイドのぬくもりに触れてほしかったのです。木のおもちゃは、家作りで余った木材を使って、夫が当時4歳の長男と一緒に作ったもの。かなづちや釘の使い方も、おもちゃ作りを通して教えました。左のカメラは、長男がひとりで完成させたんですよ！

40 ファーストブック

幼い息子たちに布の手触りを楽しんでほしくて作ったのが、絵本風に仕立てた布のおもちゃ。ボタンをかけたり、はずしたり。リネンやフエルトの手触りを楽しんだり。最初は感触を楽しむことから始めて、数を数えたり、動物を探したりできるよう、アップリケや刺繍で仕掛けを手作りしてみました。

41 ゲーム盤

リネン生地に刺繍したのは、LUDOというボードゲーム。デンマークでポピュラーな、すごろくに似たゲームです。コマは、夫がホームセンターで買ってきた木のパーツ部品に刺繍糸を巻いて、ボンドでとめただけ。お揃いのコースターも作ったので、お茶を飲みながらよく家族4人で遊びます。

42 布のキューブ

キューブ型のおもちゃは、デンマークに住む義姉の手作り。奥のふたつは、小さなキューブが組み合わされていて、折ったり広げたりすると、形が変わります。私もまねして作ってみたのですが、簡単そうに見えて、実は布の模様合わせや、縫いつけ方が複雑。ずいぶん苦戦しました。息子たちのためにと始めたおもちゃ作りですが、私自身もずいぶん楽しみながら作りました。

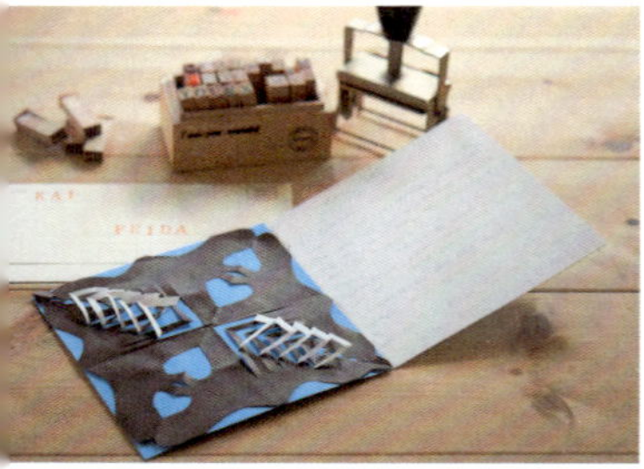

折り紙を切り絵にして作ったグリーティングカード。簡単に作れます！

デンマークのいとこから、息子に届いたゲッケブレウのカード。

デンマークの義母が作ってくれた息子のシルエット。こんな切り絵もデンマークの人たちは器用に作ります。

43

切り絵のカード

➡作り方は P.108

北欧の長い冬が明け、春を告げるスノードロップの花が咲くころ、デンマークの子供たちのもとに差出人不明の手紙が届きます。封を開けると「私は誰でしょう？」という意味の詩が添えられた切り絵のカードが出てきます。さあ、送り主は一体誰？　子供たちは大喜びで、あれこれと推理を始めます。差出人を当てるヒントは、カードの端に記されたドットの数。私が差出人なら、「Mariko」なので「……」と６つのドットを書き添えておくのです。

これは「ゲッケブレウ（Gækkebreve）」というデンマークに古くから伝わる遊び。もともとは大人の習慣で、遊び心あふれるグリーティングカードを送りあって、春の訪れを祝ったのだとか。差出人を当てたら、ホームパーティーに招いておやつを振る舞ったそうです。最近は４月のイースターに合わせて、小さな子供にカードを送るのが主流のようです。デンマークでは昔から切り絵も盛ん。紙を何度か折ってはさみを入れるだけで、左右対称の模様ができ上がります。わが家では、よく子供と一緒に作った切り絵を、グリーティングカードにして送っています。

44 子供の絵

小さな子供が描いた絵のなかには、ときどき現代アートみたいに斬新でおもしろいものがありますよね。シンプルな線や、自由な色使いは、大人にはない感覚なのかもしれません。そんなちびっこ画伯の作品をインテリアに上手に取り入れると、案外素敵なアクセントになるものです。

この花の絵も、長男が4歳のころに描いたもの。なんだかマリメッコの花柄みたいにかわいかったので、額に入れて廊下に飾ったら、長男は得意満面。リビングに飾った絵も、夫と長男の合作(P.54参照)。遊びがてら、ベニヤ板の上に、塗装で余ったペンキで落書きしただけなんですが、廃材でフレームをつけたら立派な作品に変身しました。子供の絵をもとにして、ぬいぐるみを作ってあげたりしても、意外とかわいいものができ上がりますよ！

中心街を離れると、牧草地や畑に囲まれた田園風景が広がっています。

私たちが結婚式を挙げた想い出深い教会。実家から徒歩1分の距離。

ホーセンスの街並み。石畳の通りに、赤い屋根の建物が並んでいます。

コラム

夫の故郷・ヴィーエイン

夫の実家は、デンマーク第2の都市・オーフスから車で1時間ほどのヴィーエインという小さな街にあります。のどかな田園風景が広がる美しい街で、小麦畑やじゃがいも畑の向こうにはゆるやかな丘が連なり、実家へ向かう道の両側では、牛や馬、羊たちが草を食む姿があちこちで見受けられます。

北欧というと、冬の寒さが厳しいと思われがちですが、ヴィーエインの周辺は、1年を通してとても過ごしやすい気候です。あたたかな北大西洋海流の影響で、冬も氷点下になることは少なく、平均気温は4℃くらい。雪が降り積もることも、ほとんどありません。夏の平均気温は20℃前後。湿度が低いので、とても気持ちよく過ごせます。

買い物などは、車で15分ほどのホーセンスという街まで出かけます。街のメインストリートは、ほとんどが石畳。古くから栄えた街なので、商店の建物も歴史を感じるものが多く、美しい街並みが印象的です。

庭に植えたりんごの木。毎年収穫した実は、お菓子や自家製ジャムに。

街のお祭りなどでは、
昔ながらのクラシック
な馬車も登場します。

夫の両親は、もともとはシルケボーという街の出身でしたが、結婚を機に、今の家を購入してこの街にやってきました。1925年に建てられた赤煉瓦《れんが》の実家は、もともと小学校だった建物を市から購入したのだとか。木工教師だった夫の父が先頭に立って、教室だった部屋にDIYで少しずつ手を入れ、住み心地のいい住まいに作り替えました。1500㎡もある広い庭も、夫婦２人で作り上げてきたもの。日々のお茶や料理などに使えるたくさんのハーブが植えられているほか、りんご、洋梨、いちじく、ラズベリーなどの樹々も植えられていて、ちょっとした果樹園になっています。

気候のいい夏には、この庭に親戚みんなが集まり、ガーデンパーティーやティーパーティーを開くのが恒例。普段、家族でお茶を楽しむのも、庭にある「パビリオン」と呼ばれる六角形のサンルームが中心。この東屋《あずまや》も、木工教師だった義父を中心に、イェンスたち３兄弟が自分たちの手で建てたものです。

夫の実家や、故郷の景色を見るたびに、デンマークの人々にとって、自然の中で過ごす時間がどれほど大切なものかを実感します。

こちらが夫の実家。赤煉瓦造りの建物は、デンマークでは一般的なもの。

夏の間は、庭に設けられたテラスがリビングルーム代わりになります。

庭のパビリオン。日の光がいっぱいに射し込むサンルームのような造り。

手仕事の道具たち

[Værktøj]

手芸好きだった実の母の影響もあり、もともと針仕事は大好きでしたが、デンマークの義母に出会って、日々の生活の中に、手仕事を生かす楽しみを知りました。そんな私にとって、手仕事の道具たちは大切な宝物。いつも身近に置いて、暇さえあればちくちく針を動かしています。

45

はさみ

わが家には、ありとあらゆる形のはさみがたくさんあります。同じ道具でも、用途が違うと大きさも形もずいぶん違うもの。裁ちばさみに糸切りばさみ、ピンキングばさみや工作用の紙切りばさみ。なかには、キャンドルの芯を切るためのはさみや、アンティークのはさみもあって、どれも大切にしています。実の母が20年以上使っていた和裁ばさみは結婚したとき譲り受けたもの。ときどき研ぎに出して、大切に使い続けています。

上の２つは、キャンドルの芯を切るためのはさみ。オレンジの柄はフィンランド製のクラフト用はさみ。一番下は、アンティークの手芸ばさみ。

デンマークの手芸学校（P.89～参照）で見つけた、はさみ専用のスタンド。

46

シザーケース

➡作り方は P.108

そんなはさみたちを保管するために作ったのが、シザーケース。刃先をケースでくるんでおけば、裁縫箱の中で糸が引っかかる心配もありませんし、引き出しの内側に刃がぶつかって傷むのも防げます。

普段はシミがついて使わなくなったコースターや鍋つかみをリメイクして作ることが多いのですが、お気に入りのプリント生地を柄違いで使っても、かわいく仕上がります。端を折り返して小さなポケットをつければ、かぎ針なども一緒に収納できますよ。

どれも、古くなったコースターや鍋つかみをリメイクして作りました。

47　裁縫箱

寝室の窓際に置いた小さな机が、私の作業場（P.64）。子供たちを学校へ送り出した後、時間があれば、たいていここで刺繍や縫いものをしています。傍《かたわ》らにいつも置いているのが、この裁縫箱。舟形の箱は、デンマークの骨董市で見つけたもの。本来は、お菓子などをしまっておくケースのようですが、裁縫道具を入れるのにちょうどいい大きさだったので、もう何年も前から愛用しています。持ち手がついているのもポイント。手芸好きのデンマークの女性たちは、愛用の裁縫箱をどこへでも持ち歩きます。街へ出ると、カフェでお茶を飲みながら刺繍をする女性たちや、バスの中で編み物をする姿などよく見かけました。私はまだ家の中だけですが、ときどきリビングやダイニングへ裁縫箱を持ち込んで、家族とおしゃべりしながら針を動かしています。

48 糸いろいろ

集めるのが楽しくなる手仕事の道具といえば、なんといっても糸。色も素材も数えきれないほどたくさんあって、糸玉をしまった引き出しを開けると、まるでパレットのよう。糸玉が増え続けるにつれ、大変になってくるのが、糸の管理。きちんと整理整頓してしまっておかないと、必要なときに見つからないし、糸端もちゃんとかませておかないと、すぐにこんがらがってしまいます。私は、古道具屋さんで見つけた業務用の糸だんすや小引き出しなどに収納していますが、最近スペースに余裕がなくなってきました。そろそろ引き出しを買い足さないといけないかも……。

見た目がかわいいアンティークの糸巻きや、今使っている糸などは、スタンドに差したり、そのまま並べたりして窓際にディスプレイしています。

毛糸の先を家具などにくくりつけ、
こうして引っ張りながら織ります。

デンマークの義母が、義父から贈られた手作りのバンド織り機。

織ったバンドを、子供のバスケットと水筒のストラップにしてみました。

49
バンド織り機

　北欧の伝統的な手工芸のひとつが、この「バンド織り」。バンドとは、羊毛で織った平たいひものことで、民族衣裳の飾りには欠かせないアイテムでした。このバンドを編むための道具が、くしのような形をした写真の道具。いわば、ハンディタイプの織り機のようなもので、くしの歯のような部分に縦糸を張り、横糸を通した織り杼《ひ》をくぐらせることで、ひと目ずつ細い布に織り上げるのです。毛糸の色や種類を自由に組み合わせられるので、好みの色や質感のバンドが作れます。完成したバンドは、ベルトやストラップとして使ってもいいし、クッションカバーのふちなどに縫い付ければ、カラフルな縁飾りにもなります。ニットの帽子やバッグと組み合わせてもかわいいですよ。

　右のバンド織り機は、デンマークの義父が私のために作ってくれたもの。義母が若いころから大切に使い続けているバンド織り機も、もちろん義父の手作り。2人の名前が刻み込まれたバンド織り機は、夫から妻へ、愛情を込めた手作りの贈り物だったようです。

MARIKO

50 ピンクッション

➡作り方は P.109

ある日、私の母のもとへ、デンマークの義理の母から、小さな包みが届きました。入っていたのは、手作りのピンクッション。カラフルなクロスステッチが施されていて、片側には「MASAKO」とアルファベットで、反対側には「まさこ」とひらがなで、母の名前が縫い取られていました（上の写真の赤いピンクッションです）。母は、この心のこもった贈り物を本当に喜んで、「お返しに」と、古い着物の生地をパッチワークした巾着《きんちゃく》を送ったそうです。

義理の母と私の母は、あまり会う機会がないし、顔を合わせてもあまり言葉は通じないのですが、互いに手芸好きという共通の趣味があります。こんなふうに、ときどき手作りのプレゼントを贈りあって、心のやりとりをしてくれていたことを知り、娘としてとてもうれしく思いました。

義理の姉が作ってくれたピンクッションは糸巻きが収納できる台座つき。

針仕事が大好きなデンマークの女性たちにとって、裁縫箱をかわいく彩ってくれるピンクッションは、とてもなじみ深いアイテム。小さな女の子が、針仕事の練習をするときも、まず自分のピンクッションを作ることが多くて、みんな自分の裁縫箱にお気に入りのピンクッションを並べています。大きさや色、柄、形の違うものをたくさん集めたり、親しい友人にお手製のピンクッションをプレゼントしたりすることも多いようです。

ところで、みなさんはピンクッションの中身に何を入れますか？　デンマークでは、ピンクッションの中身に〝リンシード〟という亜麻の種子を入れます。亜麻仁油の原料にもなるこの種は、適度な油分を含んでいるので、針がさびるのを防いでくれるのだとか。油っぽいにおいがせず、種子も細かいので、とても使いやすいんですよ。デンマークのイェンセン家には、庭に亜麻が自生しているので、ときどきドライフラワーにして送ってもらい、ピンクッションを作るときに使っています。

デンマークから届いたリンシード。自家製パンに入れてもおいしいです。

デンマークの義母愛用のピンクッション。まち針もカラフルできれい。

コラム

デンマークの夏休み

長く、日差しがほとんどない冬を過ごすデンマークの人々にとって、太陽の下で過ごせる夏は、１年のうちで最も活動的になるシーズン。仕事を持つ人も、夏の休暇となれば、３週間くらいは取れるのが一般的。日本に比べると、長くてうらやましいですよね。子供たちの学校も、６月下旬から８月上旬までの１か月半弱が夏休みになります。

デンマークでは、自宅とは別に、湖や海の近くにサマーハウスを所有する人が多いので、夏休みは家族や親戚、友人と一緒にサマーハウスで過ごすのがポピュラー。親戚や気心の知れた友人同士で、お互いのサマーハウスを交換し合ったりすることも多いようです。キャンピングカーで国内を巡ったり、船やヨットで暮らすのも流行なのだとか。海外で過ごす人たちには、南欧が人気のようです。

さて、イェンセン家ではというと、両親がお隣の国・スウェーデンに、義兄が国内のフレデリクスハウンに、それぞれサマーハウス

両親のサマーハウス。リビングダイニングに、寝室が２部屋あります。

家の前に小さな桟橋とボートがあるので、好きなときに湖へ出られます。

庭のたらいが息子たちのお風呂代わり。気持ちよくて、大喜びでした。

ブルーベリーの茂みを見つければ、あっという間にカゴいっぱいに。

おいしそうなきのこを
発見！ デンマークの義
母はきのこ狩りの名人。

を持っています。どちらかのサマーハウスに親戚一同が集まることもあれば、年によっては、家族ごとに思い思いの夏休みを過ごすこともあります。

昨年の夏は、スウェーデンのヴェーネルン湖近くにある義父母のサマーハウスを訪ねました。お隣の国といっても、夫の実家からはフェリーと車を乗り継いで約10時間の長旅。でもそんな旅の疲れも一気に飛んでしまうほどの、美しい森と湖が出迎えてくれました。

自分たちのボートで湖を一周したり、森でブルーベリーやきのこを摘んだり。森の中では、野生のヘラジカや鹿にも出遭いました。

感心してしまうのは、夫の家族に限らず、デンマークの人たちが、みんなアウトドアを楽しむ方法をよく知っているということ。何人か集まると、野生のきのこを見分けられる人、たき火を組むのが得意な人などがいるので、毎日楽しみに事欠きません。小さいころからアウトドアに親しむ機会が多いので、自然と知識や経験が身に付いているのでしょう。

わが家の２人の息子たちにも、自然との楽しい付き合い方を教えていきたいものです。

キッチンのコンロは薪火。滞在中は
あえてスローライフを楽しみます。

一歩森へ入れば、ブルーベリーやき
のこがあちこちに自生しています。

晩のメニューは、獲れたてのきのこ
たっぷりの、香り豊かなシチュー。

ENOURA KOLON

自然と暮らす

[Helt naturligt]

私たちが東京のマンションから鎌倉へ引っ越そうと考えた一番の理由は、「もっと自然の近くで暮らしたい」という強い思いから。お手本は、もちろん自然と付き合うことに長《た》けたデンマーク流のライフスタイル。日々の暮らしにも、自然の素材を上手に取り入れることを心掛けています。

51 週末ガーデン

東京のマンションで暮らしていたころは、都会の真ん中で、自然を身近に感じられる場がありませんでした。緑豊かなデンマークで育った夫にとっては、とてもさみしいことだったらしく、仲間たちとともに神奈川県小田原市に「江の浦コロニヘーヴ」という週末ガーデンを作り、活動を始めました。

「コロニヘーヴ」とは、デンマークで広く普及しているガーデン・コミュニティのこと。集合住宅や都会で過ごす人たちが、気軽に自然を楽しめるよう郊外に設けられた施設で、主に地方自治体などが運営しています。5つ以上の区画と小屋があるのが原則で、区画ごとに貸し出されます。自分の区画には野菜やハーブなどを自由に植えることができ、DIYで小屋やかまどなどを設置したりもできます。普段、緑の少ない都会に住む人たちも、週末にはコ隣には、馬や豚、山羊などの動物と触れ合える「サドルバック牧場」が。

ロニヘーヴを訪れ、家族や友人と自然の中で過ごす時間をゆったり満喫するのです。

「江の浦コロニヘーヴ」は、そんなデンマークのスタイルをベースにした、共有の別荘のような場所。自分たちの手で小屋を建て、花や野菜を植え、ピザを焼く窯や、コンポストなども設置しました。鎌倉に引っ越した今でも、ときどき２人の息子を連れて訪れます。ここで過ごす時間は、わが家にとって欠かせないイベントのひとつになっているのです。

たき火でパンを焼いたり、近くの牧場で馬や豚と触れ合ったり。小さな息子たちにとっては、自然の中でしかできない貴重な体験です。大人にとっても、ここは楽しい社交場。畑仕事に詳しい人、料理が得意な人など、それぞれの知識を生かして、アウトドアでの楽しい遊びを企画し、みんなで集まって、家族ぐるみで楽しい時を過ごします。

集合住宅で暮らす人が多い日本だからこそ、こういう場所がもっとたくさんあったらいいのにな、とここへ来るたびに感じています。

小さな畑を作って、野菜も栽培しています。今日はフェンネルを収穫。

簡素なキッチンとテーブルを備えた小屋は、仲間とみんなで建てました。

白い烏骨鶏はヒヨコのときから真っ白。ふわふわでとってもかわいい。

庭の一角に作った鶏小屋。酉年の絵馬があったので、表札代わりに。

次男はかわいがっているつもりでしょうが、烏骨鶏はなんだか迷惑顔？

52

鶏小屋

庭で３羽の烏《う》骨鶏《こっけい》を飼っています。２人の息子たちに、生き物を育てる楽しさや責任感を知ってほしいという理由もありましたが、烏骨鶏にしたのは「生みたての卵で朝ご飯を作りたい」という食いしん坊な理由から。烏骨鶏の卵は栄養価が高く、味にも定評があるのですが、大きさはちょっと小ぶり。卵を産むのも、週に１、２度なので、毎朝家族全員分というわけにはいきませんが、その分、おいしさを期待して烏骨鶏を選びました。

白い羽毛に包まれたふわふわの烏骨鶏たちに、息子たちは大興奮。暇があれば、３羽を庭へ放して、追いかけ回しています。朝も、起きると必ず鶏小屋へ直行。わくわくしながら卵を確認し、水を替えたり、餌をやったりと、かいがいしく世話しています。

三角屋根の鶏小屋は、夫が作ってくれました。小さいながらも上下２階建て。昼間は下の地面で過ごし、夜は上で休んだり、卵を産んだりできるようになっています。鶏が昇り降りするための階段もついているんですよ。

53 手作りローション

以前、江の浦コロニヘーヴで真っ赤な野生のイチゴを見つけました。「これ、食べられるかな？」と、カゴに摘んで小屋に持ち帰ったら、地元に住む友人が「それ、食べてもおいしくないよ。虫刺されの薬にしたら？」と、おばあさんから教わったという虫刺され薬の作り方を教えてくれました。作り方といっても、ヘビイチゴの実をアルコール度数の高い焼酎に漬けて、実が白くなるまで数か月置いておくだけ。でき上がった茶色の液をガーゼでこしてローションのように肌に塗れば、虫刺されの薬になるのだそうです。ほかにも、ビワの葉の焼酎漬けは化粧水代わりに、ドクダミの花の焼酎漬けは、火傷や切り傷などの万能薬になるのだとか。さっそくわが家でも作ってみました。植物の持つ力を上手に利用していた昔の人の知恵って、すごいですね。

4歳を迎えた日の朝、次男の席には、
キャンドルが4つ灯されました。

国旗を立てたお菓子と、ホイップク
リームたっぷりのココアがお出迎え。

リクエストに応え、ローストビーフ
やソーセージパンが並んだ夕食。

コラム

お誕生日の祝い方

デンマーク人にとって、家族の誕生日はスペシャルな日。1日中、家族みんなから、心を込めたお祝いを受け続けます。

まず朝は、家族みんなの歌で目覚めます。早起きした家族が枕元までプレゼントを持って来て「お誕生日の歌」で起こしてくれるのです。ベッドの上でプレゼントをお披露目《ひろめ》した後は、みんなで朝食。年の数だけキャンドルが灯されたお誕生日席には、ホイップクリームたっぷりのココアが用意されています。これは家族のお誕生日を祝う日だけの特別メニュー。昼食や夕食も、誕生日の人がリクエストしたメニューが用意されるんですよ。

デンマークでは、家族や友人の誕生日を記入しておく「お誕生日ブック」というノートまであるんです。私は過去にプレゼントしたものや、欲しがっていたもの、集めているものなどを忘れないように記録しています。

何日も前から手間ひまかけて準備する、あったかなお誕生会。本当に素敵でした。

子供のお誕生日には、
人形型のパイを焼くの
もお決まりの行事！

日々の食卓

[Vi skal spise!]

自然のものを、手作りで。それがわが家の食事の基本。もちろん、すべてを完璧にすることはできませんが、庭で育てた野菜でサラダを作ったり、子供たちと一緒に朝ご飯を作ることを楽しみながら、家族みんなで、おいしく、日々の食卓を囲むことをとても大切にしています。

54 ワッフルサンド

➡作り方は P.110

日本でワッフルというと、まずベルギーワッフルをイメージしますが、デンマークスタイルのワッフルは、ちょっと違います。形は小さなハート形。厚さも薄めで、こんがり焼くとサクっとした食感です。生地も甘くないので、朝食としてもポピュラー。そのままバターやジャムを添えて朝ご飯にすることもありますが、具をはさんでサンドイッチにして食べてもおいしいです。

わが家では、日曜日の朝食によく登場するメニュー。朝食作りは夫の担当なので、息子たちも、ファー(デンマーク語で〝パパ〟の意味)と一緒にパンケーキやワッフルを焼くのを楽しみにしています。朝起きると、兄弟でまず鶏小屋へ烏骨鶏が卵を産んだかどうかを確認しに行き、庭に植えたキュウリやトマトをもいできて、朝ご飯の支度を手伝ってくれます。

55 自家製パン

➡作り方は P.110

デンマークは、黒いライ麦パンを使った「スモーブロー」というオープンサンドが有名なので、パンはみんな黒パンだと思われがちですが、朝食の定番は白パン。具だくさんの「スモーブロー」はランチのメニューなんです。

鎌倉にはおいしいパン屋さんがたくさんあるので、買ってきたパンを楽しむこともありますが、定番の白パンは自家製です。パリっとした皮に、中はふんわりとした食感の白パンなのですが、作り方がちょっと独特。生地をこねずに、いきなり成形して熱した鍋に入れて焼き上げます。簡単なので、慣れてしまえば毎日でも気軽に作れます。ドライフルーツやナッツを加えればまた違った味わいになるので、飽きずに楽しめると思います。パンが焼けるいい香りがリビングに広がると、なんとも言えない幸せな気分になります。

56 フルーツゼリー

➡作り方は P.111

デンマークのイェンセン家の庭には、エルダーフラワーの木が植えられています。エルダーフラワーとは、日本で西洋ニワトコとも呼ばれる樹木。春から夏にかけて、小さな白い花をたくさんつけるのですが、この花を摘んでハーブティーにしたり、砂糖やレモンと一緒に煮てシロップにするのです。くせのない味わいのシロップは、水やソーダで割ってジュースにしたり、アクアビット（じゃがいもの蒸留酒）の香りづけにもよく使われます。

日本でも市販のエルダーシロップが手に入るので、わが家のおやつ作りによく利用しています。エルダーフラワーはフルーツとの相性が抜群。好みのフルーツを数種類使うと、カラフルなゼリーに仕上がります。さっぱりした味わいなので、食後のデザートや、暑い季節のおやつにはぴったりです。

57　フルーツシロップ

➡作り方は P.111

子供たちには、できるだけ自然なものを食べさせたいと思っているので、わが家のおやつにはフルーツがひんぱんに登場します。生のままだけだと飽きてしまうので、凍らせたフルーツをかき氷機で削ってシャーベットにしたり、ドライフルーツにして焼菓子に加えたりと工夫をしていますが、シロップにするのも便利な方法。シロップは、水で割ればジュースになるし、パンケーキやアイスクリームのソースとしても使えます。煮詰めてジャムにすれば、長く保管できますし、肉料理のソースにも利用できます。

デンマークでは、ちょっと森に入れば、野生のベリー類が収穫できるので、ベリーのシロップが一番ポピュラー。はまなすの実で作るシロップもおいしいですよ。鮮やかな色にほんのり酸味が効いたシロップが作れます。

デンマーク人が大好きなハム。甘いジャムが添えられることもあります。

キッチン担当のシネットさん。パンやお菓子もすべて彼女の手作りです。

この日のメインは、マッシュルームがたっぷりかけられたミートローフ。

コラム

ホイスコーレの食事

私がデンマークで最も感激した味のひとつが、ホイスコーレ（北欧独自の手工芸学校。P.89 ～参照）で出された食事。寄宿制なので、3度の食事は校内の食堂で提供されるのですが、あまりのおいしさにびっくりしました。

ビュッフェスタイルなので、メニューそのものはとてもシンプル。なのに〝忘れられない味〟になったのは、何もかもが、新鮮な素材でていねいに手作りされたものだったから。採れたての野菜に手作りのドレッシングが添えられたサラダ。キッチンで生地から作った焼きたてほかほかのパン。香り豊かなきのこやハーブをふんだんに使った肉料理。地元の畜産農家が作ったフレッシュなチーズやハムにも、手作りのジャムが添えられていました。そのままでおいしい食材はそのままで。でも、手作りのソースやディップを少しだけ添えるなど、手間のかけどころを心得たメニューで、日々の食事作りに生かせるヒントをたくさん学ぶことができました。

コーヒータイムには、手作りのケーキやクッキーも提供されます。

Højskole dagbog

ホイスコーレ日記

デンマークには、多くの手芸家があこがれる手仕事の学校があります。その「スカルス」で、2013年の夏、1週間の短期コースを受講することができました。楽しさと驚きでいっぱいだったスカルスでの生活をご紹介します。

>>「ホイスコーレ」とは？

フォルケホイスコーレ（Folkehøjskole）とも呼ばれる、デンマークを発祥とする北欧独自の成人教育機関。成人を対象に、専門的な技術や知識を学ぶ寄宿制の学校として、デンマークをはじめ、スウェーデン、ノルウェー、フィンランドなどでも広く普及している。日本の大学が主催する「エクステンションセンター」や、民間の「カルチャースクール」と似ているが、北欧ならではの自由な教育方針と、バラエティーに富んだ専門性の高い内容で、国内はもちろん国外からも多くの留学生が訪れています。

>>スカルス デザイン&手工芸学校

プロの手芸家も学びに来ることで知られる、1878年創立の手芸専門のホイスコーレ。ユラン半島の北部に位置し、デンマーク第2の都市、オーフスからは車で1時間ほど。長期コースは刺繍、編み物、洋裁、織物、皮革工芸、絵画、バスケットなど幅広いコースが選択できる。2013年当時の夏の1週間短期コースの料金は、4500KR（授業料、宿泊費、食費込み・日本円で約7万6000円）。

Søndag 日曜日

自然に恵まれた環境とおいしい料理にびっくり！

念願だった「スカルス」に到着。ホイスコーレは寄宿制が基本なので、明日朝からの授業に備え、前日の夜に校内の寮に入って手続きをします。赤い屋根のかわいらしい校舎、たくさんの樹木や花々が植えられた広い庭（専任のガーデナーまでいました）、こぢんまりとした居心地のいい寮の部屋など、その環境のよさは期待以上。一番感激したのは食事（P.88参照）。滞在中は校内のキッチンで作った料理が提供されるのですが、その内容にびっくり。焼き立てのパン、新鮮な野菜やフルーツ、肉や魚の料理などが食事のたびにずらりと並んでいるんです。しかも、ドレッシングやジャムまで全部手作り。おやつには出来立てのパイやクッキーなども振る舞われます。ほかの生徒たちも、このおいしくてヘルシーな食事には大満足だったようです。

「毎日こんなにおいしい食事が食べられるなら、もう１週間くらい滞在を延長したいわね！」と、みんな口を揃えたように絶賛していました。

A

C

B

A 煉瓦造りの校舎は、1914年に建てられたもの。庭は公園のような広さ。
B 食事はビュッフェ形式。おいしすぎて、ついつい食べ過ぎてしまいそう。
C 寮の部屋は、ベッドとデスク、クローゼットがついていて、とても快適。シャワールームは共用です。

D

D授業は終始笑い声が絶えず、和気あいあいとした雰囲気。クラスメートともすぐ友達になれました。E壁にかけられているのは、刺繍の基本となるステッチの図解。F毛糸を厚紙に巻いて、ストライプ柄を作る授業。デザインについて学びます。

F

E

Mandag 月曜日

おしゃべりしながらの楽しいワークショップ

いよいよ今日から授業がスタート。ホイスコーレの1日は、全員で「ホイスコーレの歌」を歌うことから始まります。校歌みたいなものかと思ったら、だいぶ違いました。分厚い楽譜集には、たくさんの曲があって、その中から1曲を選んで歌います。学ぶ楽しみを讃《たた》える賛美歌のような感じなんです。

サマーコースの参加者は40人。刺繍、織物、革工芸、編み物の4コースに分かれて学びます。外国人はアメリカ人が1人と、私を含め日本人が2人。授業は主にデンマーク語ですが、英語も通じます。私が参加したのは「ヘックリング」と呼ばれるかぎ針編みのコース。刺繍は長く続けていますが、かぎ針編みはほぼ初心者の私。ついていけるか不安だったのですが、先生がひとりずつていねいに指導してくださるので安心しました。ホイスコーレは自由な授業形態が特徴で、生徒の自主性が大切にされています。初心者には課題が与えられますが、上級者は好きなことに取り組むことができるんです。

A

A 予想外のエクササイズに、みんなが笑顔に。一緒に身体を動かすと、打ち解けやすくなるものですね。**B** 新しい毛糸は、まず工房の「かせくり機」を使って、糸玉にします。自宅では手作業で糸玉作りをしていましたが、機械を使えば、あっという間！ **C** 私はもちろん、クラスのみんなも今日一番苦戦していた編み目記号の授業。正確な図にするのは大変。

C

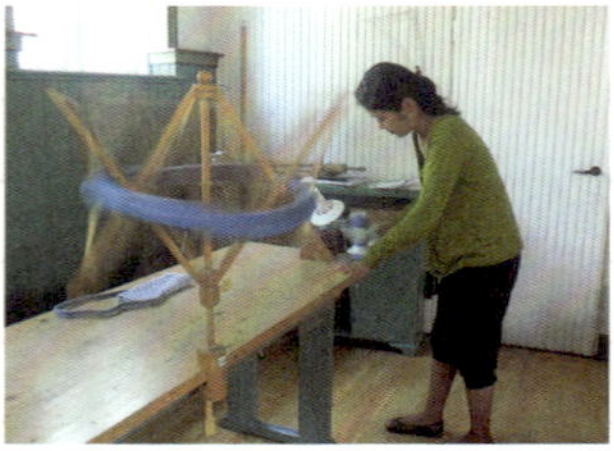

B

Tirsdag 火曜日

楽しいエクササイズの後は、編み図に苦戦

毎朝最初に行われる授業は、いろいろなコースの先生が日替わりで自由なレクチャーをしてくれます。今日の担当は革工芸の先生。ところがこの先生、ダンスインストラクターの資格も持っていらっしゃるそうで、「みんなで身体を動かしましょう！」と、急遽《きゅうきょ》、エクササイズの時間に。昨日は丸一日、細かい作業が続いていたので、いいリフレッシュになりました。

もちろん、その後はしっかりスケジュール通り。苦労したのが編み図の授業。デンマーク語で作り方が書かれた文章から、編み図を起こすのです。正確さと集中力を要する作業に悩まされましたが、これができるようになれば、自分で考えた模様を図案化できるので、がんばりました。

そんな授業の合間に、みんなが楽しみにしているのが、お茶の時間。ホイスコーレでは、１日に何度も「コーヒータイム」があるんです。夕食後、夜の講義を受けた後にも、しっかり「お夜食タイム」まであるんですよ！

Onsdag 水曜日

午後からは楽しいクラフトマーケットを開催

今日は午後から、校内で「クラフトマーケット」が開催されました。生徒たちによるフリーマーケットのようなもので、近隣の手芸屋さんや生地屋さんなども出店します。私は事前にあまり準備ができなくて、集めていたアンティークのボタンを台紙に縫い付けて出品したのですが、生徒の中には、この日のために、セーターやバッグなど立派な作品を作ってきたり、オリジナルの雑貨を用意してくる人がいたりして、とても勉強になりました。何人かのグループでブースを作り、思い思いにディスプレイするので、個性豊かなブースを見て回るだけでも、あっという間に時間が過ぎてゆきました。

地域のお店のブースも、とても楽しめました。日本ではあまり見かけないメーカーの糸や、古い生地、アンティークの道具などがたくさん並んでいました。私が気になったのは、古いボビンレースの台座。持って帰る手間を考えてあきらめてしまったのですが、買えばよかったと、ちょっと後悔……。

D

E

G

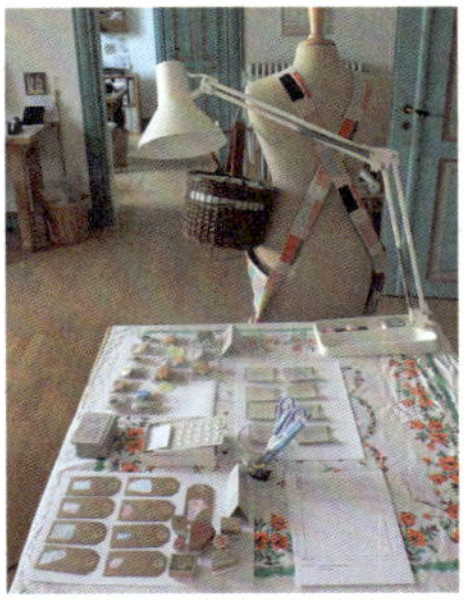

F

D 昔ながらの機織り機がずらりと並ぶ織物クラスの工房。*E・F* 地域のお店のブースでは、毛糸や刺繍糸などとともに、珍しい道具なども。*G* こちらは生徒たちのブース。ハンドメイドのスタンプやブローチ、バッグなど、かわいらしい雑貨が並んでいました。

Torsdag 木曜日

今日はバスで小旅行。製紙工場と美術館を見学

この日のメインイベントは、午後からの小旅行。学校からバスで20分ほどの距離にあるビボーという街で、製紙工場と美術館を訪ねました。

1845年創業という歴史ある製紙工場は、箱や小物入れなどの素材となる、じょうぶな厚紙を作っています。職人の技を生かしたていねいなもの作りには、デンマークのクラフトマンシップを感じました。スカルスのオリジナルの道具箱も、ここで作られた紙を使っているのだそうです。

次のブリッチャンズ美術館では、ちょうど刺繍に関する展覧会が開かれていて、地元の刺繍クラブの女性たちとお話することができました。昔、スカルスで学んだ人たちもいらして、初対面なのにとても盛り上がりました。

そして、こんな小旅行のときでさえ、必ずスケジュールに組み込まれているのがコーヒータイム！　今日は美術館近くの素敵なカフェでお茶を楽しみ、おなかも心もいっぱいになって、学校へ戻りました。

A

C

B

*A*スカルスのロゴが入ったオリジナルの道具箱。きれいなスカイブルーで、とてもじょうぶ。*B*製紙工場では独特の製造工程を見学。*C*美術館の庭で出会った刺繍クラブのマダムたち。オープンエアで刺繍しながら、気持ちのいいカフェタイムを楽しんでいました。

D

D 1週間かけて作った私の作品。課題のパターンを使って、カメラケースや小物入れを作りました。 E ヘックリングクラスの展示発表会場。 F 左が校長のヘレ先生、右が副校長のアネメッデ先生。仲良しの２人は、共に凛とした素敵な女性でした。

F

E

Fredag 金曜日

いよいよ最終日。作品の展示発表会をします

最終日は展示発表会。１週間かけて作り上げた作品を展示し、各ワークショップを全員で巡回します。生徒は順番にプレゼンテーションをして、ほかの生徒や先生方からコメントをもらいます。日本だと点数で評価されることが多いのですが、ホイスコーレではテストや評価はしません。大切なのは、生徒自身が自ら学ぶこと。生徒と先生の立場がほぼ対等だったり、毎日何度もお茶の時間を設けて生徒同士のコミュニケーションを大切にする姿勢などにも、ホイスコーレならではの理念が表れていました。

最後の夜は、お別れ会。みんなで相談して、先生方にワインをプレゼントしました。この１週間というもの、毎晩キャンドルの明かりに集まって、仕事のこと、恋愛のこと、手芸のことなどを語り合ってきました。手芸の技術を学ぶだけでなく、世代も国籍も違う人たちと、学生時代に戻ったかのような雰囲気で、いい友達になれたことは、本当に貴重な体験になりました。

A

*A*先生宅のキッチン。レトロな家電や刺繍のクロスが素敵。*B*庭の花を生けるビョーク先生。*C*ディスプレイ棚の使い方も、とってもおしゃれでした。*D*「スカルス子ども祭り」の会場はのどかな雰囲気。ポニーも登場して、子供たちに大人気でした。

D

B

C

Lørdag 土曜日

刺繍の先生のご自宅を訪問。街はちょうどお祭りの日

朝ご飯の後、1週間を過ごした仲間たちはそれぞれの生活に帰って行きました。私も夫の実家に戻る予定でしたが、刺繍担当のビョーク先生が「帰りにうちに寄っていかない？」と声をかけてくださったので、ご自宅にお邪魔することにしました。ビョーク先生のお宅は学校から徒歩5分の距離。7歳と8歳の息子さんを育てながら、刺繍の先生を続けていらっしゃいます。白とブルーが基調のシンプルなインテリアは、ため息が出るほどおしゃれ。先生が手がけた見事な刺繍の作品が、家のあちこちに飾ってありました。もちろん、普段使いのキッチンクロスなども刺繍入りのハンドメイド。ゆったりとしたていねいな暮らしは本当に素敵で、お手本にしたくなりました。

この日はちょうど「スカルス子ども祭り」の開催日。最後に先生と息子さんと共に、お祭りの会場ものぞいてきました。1週間という短さでしたが、手仕事の魅力を改めて感じる思い出深い体験になりました。

作り方

Opskrifter

家の中で使う小物を自分の手で作ってみると、毎日の暮らしがとても楽しくなります。インテリアに合わせて色や柄を工夫できるし、使いやすい大きさに調節したり、いらなくなったクロスなどをリメイクで有効活用したりもできるのも手作りの利点。わが家の定番レシピもご紹介します。

P. 29　15　ミトン

【材料と道具】

フェルト28×18cm　クラフト用レザー28×18cm　ボール紙（型紙用）　皮革用麻手縫い糸（中細・生成り）　手縫い糸用ワックス（ミツロウ）　レザー用菱目打ち（5mm幅）　厚手のカッターマット（板などでも可）　ハンマー　麻ひも（既製のひもやリボンでも可）　毛糸（アルパカ・極細・茶）　皮革用縫い針　刺繍針　刺繍糸（DMCコットンパール8番　赤［355］）

型紙

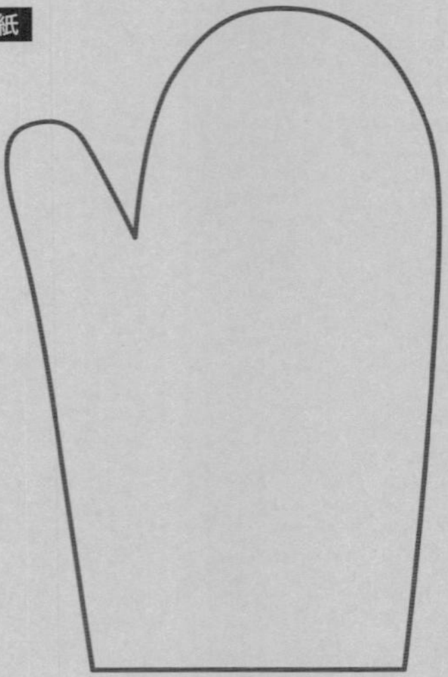

※400%に拡大コピーしてお使いください。

刺繍図案

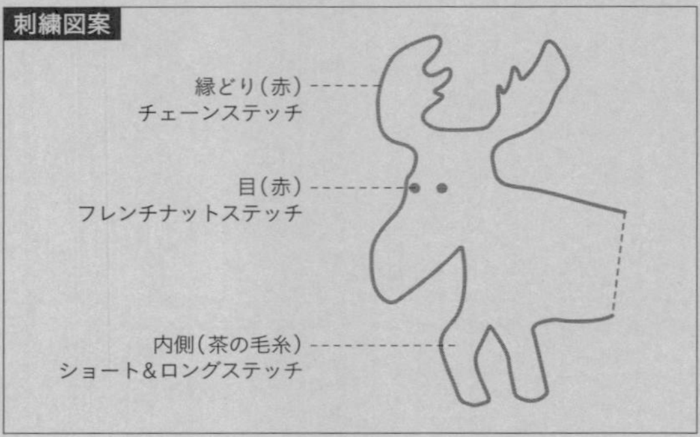

※200%に拡大コピーしてお使いください。

【でき上がりのサイズ】

約27×17cm

【作り方】

1 ボール紙でミトンの型紙を作る。

2 フェルトが表（手の甲側）、レザーが裏（手の平側）になるよう型紙をあて、ミトンの形に切る。

3 麻手縫い糸には手縫いワックスをかけておく（ロウ引きすることで、レザーに糸が通りやすくなる）。

4 レザーの縁から5mm内側に菱目打ちで穴をあけ、縫い穴にする。

5 フェルトにヘラジカの刺繍をする。

6 レザーとフェルトを外表にして合わせ、ストラップをつけたい位置に麻ひもを挟む。3で準備した皮革用麻糸を皮革用手縫い針に通し、4であけた穴に従ってランニングステッチで周囲を縫う。1周したら、今度は縫い目のあきに糸が出るよう再度ランニングステッチして完成。

4

6

P.33 19 キッチンクロスで作るエプロン

【材料】

大判のキッチンクロス48×70cmくらい

平ひも約146cm（使いやすい長さに調節）

【でき上がりのサイズ】

約48×70cm

＊自分のサイズや、手持ちのキッチンクロスの大きさに合わせて、調整してください。

【作り方】

1 キッチンクロスの角を下図のように2か所切り落とし、三つ折りにしてミシンで縫う。

2 平ひもは、自分のサイズに合わせ、首回りと左右の腰回り用3本を用意し、端を1cm折り返して下図の位置に縫い付ける。

全体図

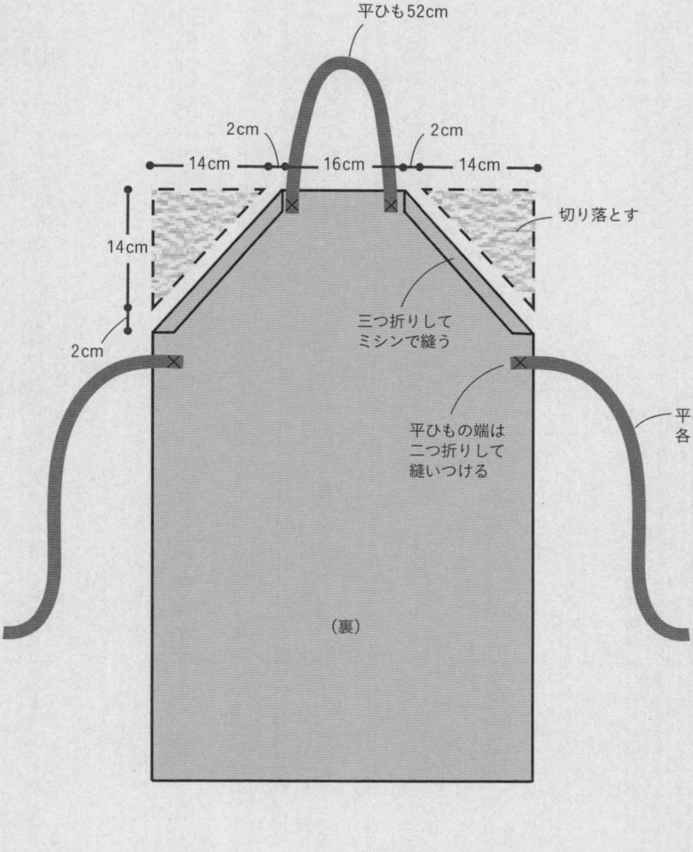

P. 31

17 トレイバンド

【材料】

刺繍用リネン布（コングレス〈1cmに7.5目〉グレー）10×84cm×2枚　刺繍糸（DMCコットンパール8番　緑[319]　グレー[642]）　丸リング（直径8cmくらい）　手縫い糸もしくはミシン糸

【でき上がりのサイズ】

幅約8×長さ約82cm×2本

＊長さはトレイの大きさや掛けたい場所によって調節してください。

【作り方】

1 クロスターブロックでリネン布に図案を刺す。織り糸4本をすくって束ねるように刺し、5針で1ブロックを作る。1ブロック刺し終わったら、刺し終わりと同じ穴に針を刺し、直角に向きを変えて次のブロックへ進む。

2 ウーブンバーを作る部分を残し、先の細いはさみで、クロスターブロックの端の織り糸をカットして引き抜く。

3 ウーブンバーを作る。残した織り糸4本を2本ずつに分け、織り糸が見えなくなるまで交互にかがる。1ブロックかがり終わったら、階段状に斜めに進む。

4 刺繍が完成したら、上下の端を三つ折りにしてミシンで縫い、左右の端を合わせて輪にする（丸リングが開閉式でない場合は、輪にする前に丸リングに通す）。2つの輪を丸リングに通せば完成。

全体図

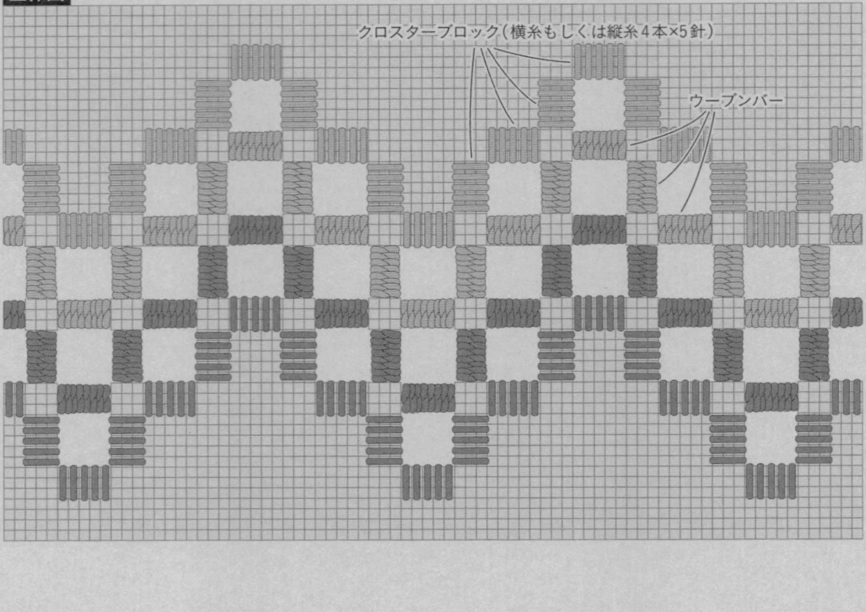

織り糸の残し方

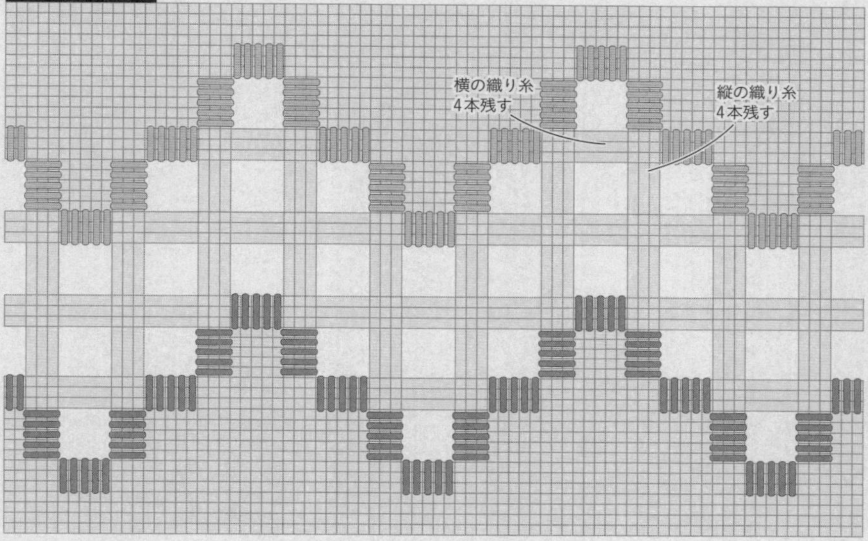

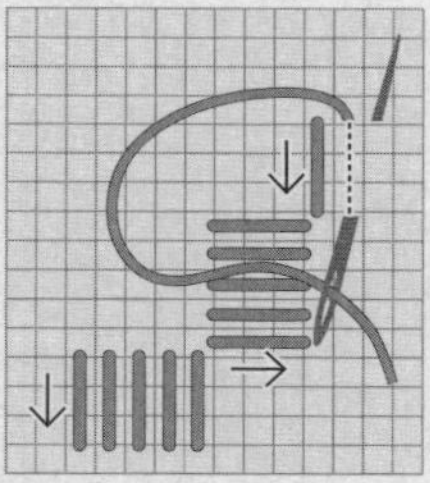

1

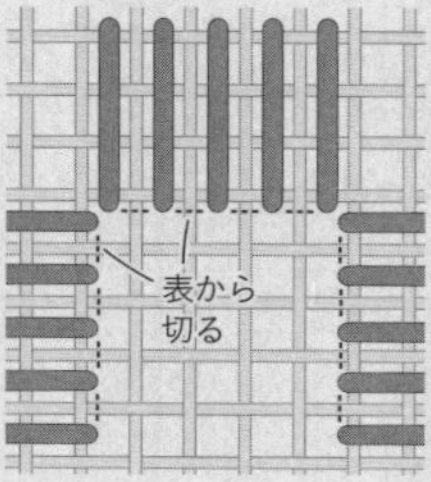

2

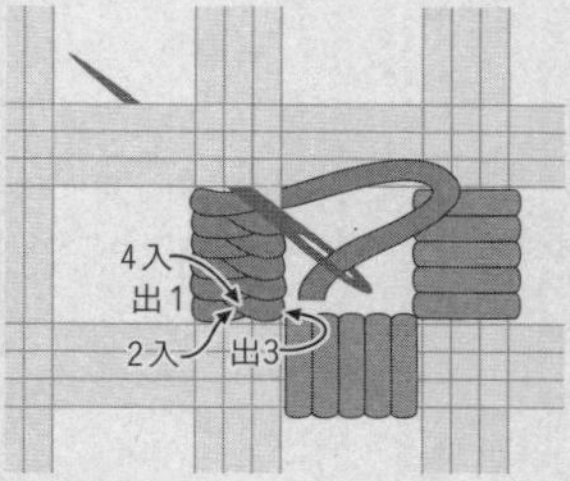

3

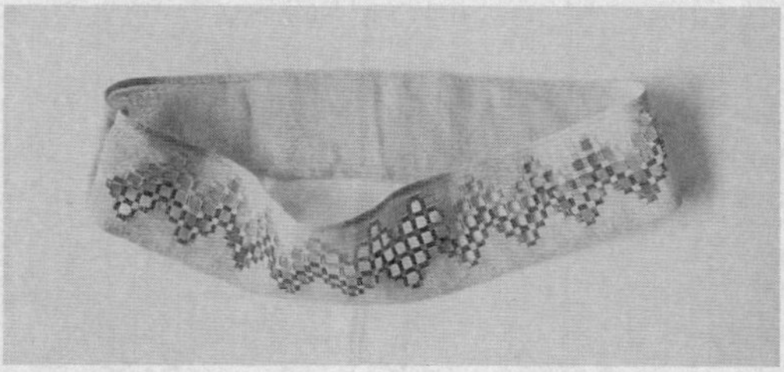

4

P. 39

23 ナプキンリング

【材料】

刺繍用リネン布（ベルファスト〈1cmに12.5目〉ヴァイオレット[5054]）
刺繍糸（DMCコットンパール8番　紫[333]）
手縫い糸もしくはミシン糸

【でき上がりのサイズ】

約6×12cm（円筒状にしたとき）

【作り方】

1 クロスターブロックでリネン布に図案を刺す。織り糸4本をすくって、束ねるように刺し、5針で1ブロックを作る。1ブロック刺し終わったら、刺し終わりと同じ穴に針を刺し、直角に向きを変えて次のブロックに進む。

2 中央の四角い部分の織り糸を引き抜く。縦、横ともに、クロスターブロックの端の織り糸を先の細いはさみでカットし、糸を引き抜く。真ん中に、縦、横4本の糸が残る。

3 **2**で糸を引き抜いた部分をかがって、模様を作る。残した織り糸4本を2本ずつに分ける。クロスターブロックの端から針を出し、中央に向かって2本の織り糸に刺繍糸を巻き付けてロールバーを作る。中央までいったら、隣の2本へ渡り、端までいったら、また隣の2本へ渡らせる。

4 一周して、8本のロールバーを作ったら、クロスターブロックの中に糸をくぐらせて、①から出す。そのまま、ロールバーの真ん中くらいの②に渡し、ロールバーの糸をすくったら、渡してきた糸に10回くらい巻き付け、③に渡す。同様に10回くらい巻き付けたら、①から渡してきた糸に巻き付けて、引っ張りながら①へ戻る。

5 ①へ戻ってきたら、クロスターブロックの中をくぐらせ、④から針を出し、**4**と同様に模様を作っていく。かがり終わった糸は、クロスターブロックの裏にくぐらせて処理する。

6 写真のような模様ができたら刺繍は完成。縫い代を1cm取って布を切り取り、上下、左右をそれぞれ三つ折りにして、手縫いかミシンで縫う。最後に左右の端を縫い合わせ、円筒状にしたらでき上がり。

全体図

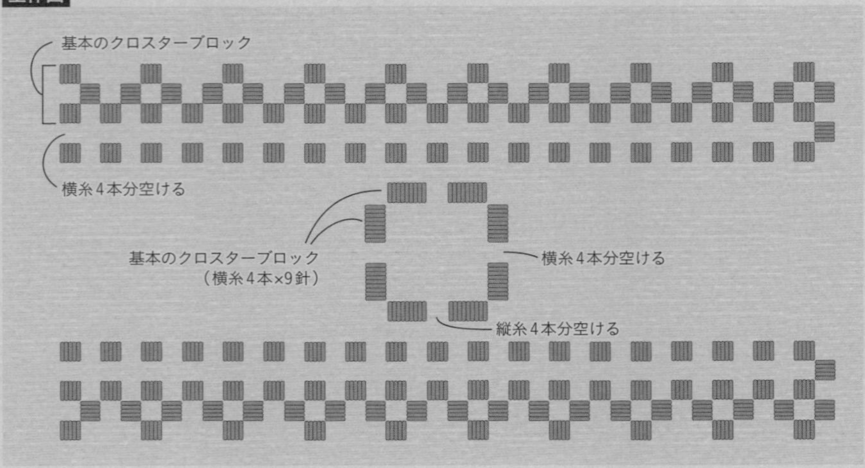

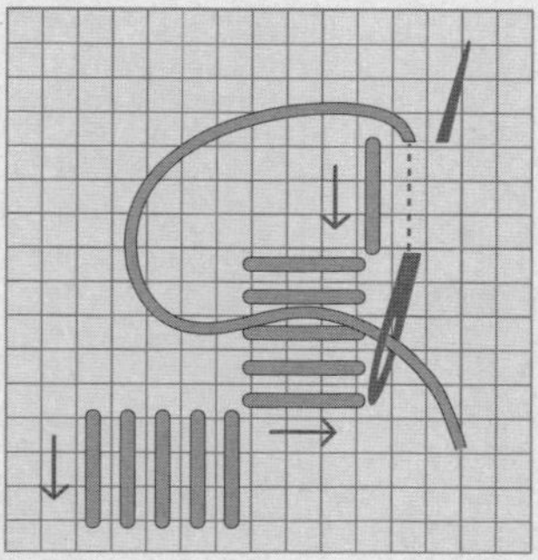

1

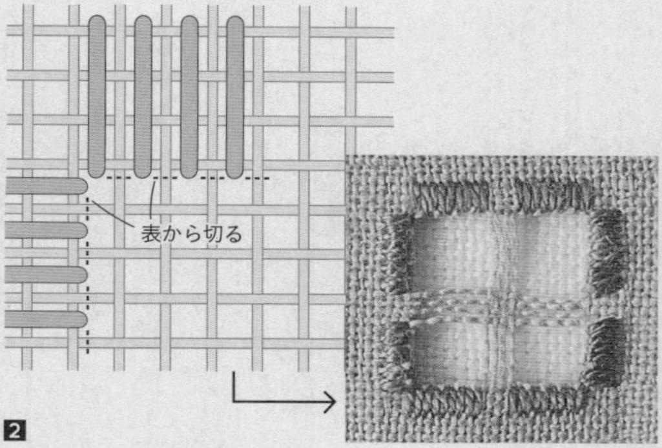

2

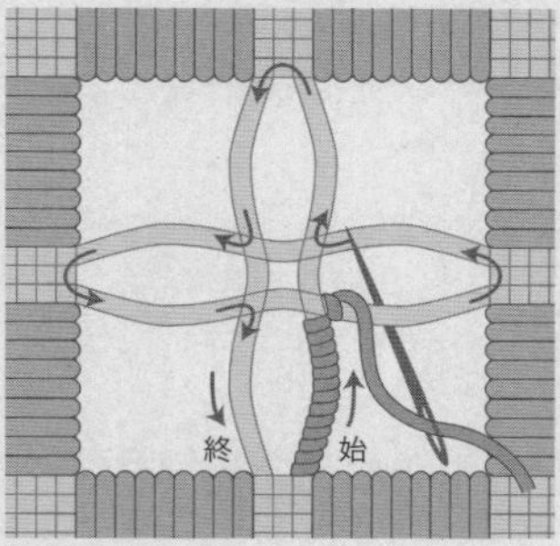

3

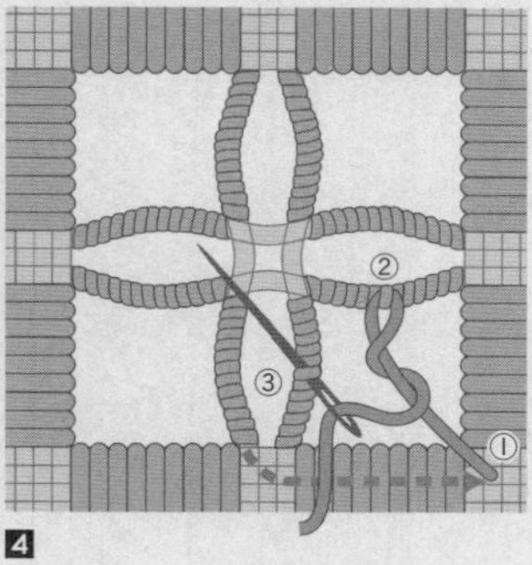

4

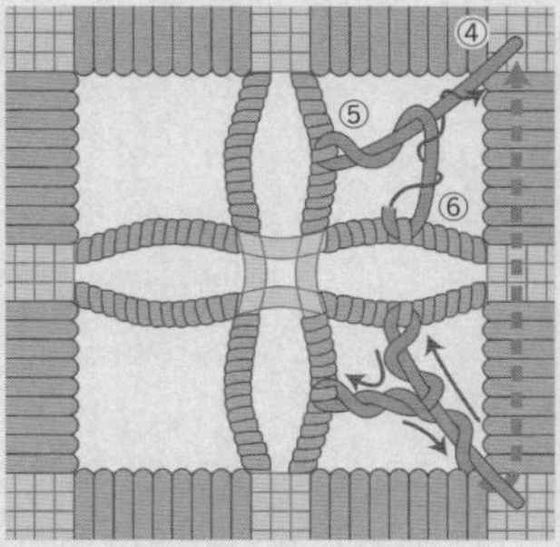

5

6

P.40

24 コースター

【材料】

刺繡用リネン布（コングレス〈1cmに7.5目 コーク） 刺繡糸（DMCコットンパール8番　水色［932］、青［995］） 手縫い糸もしくはミシン糸 適宜

【でき上がりのサイズ】

約13×13cm

【作り方】

1 布の中心位置を決め、クロスターブロック(A)とアイレットワーク(B)で、リネン布に図案を刺す。

2 クロスターブロックで刺した端の部分の織り糸を、はさみでカットする(C)。

3 カットした織り糸を引き抜く。

4 糸をすべて引き抜くと、写真のように織り糸が残る。

5 ロールバー(D)を作る。残した織り糸4本に刺繡糸を巻き付け、そっと引っ張る。織り糸が見えなくなるまで6～7回巻き付ける。

6 刺繡が完成したら、縫い代を1cm取って布を切り取る。縫い代部分を三つ折りにして、手縫いでかがるか、ミシンで仕上げる。

1

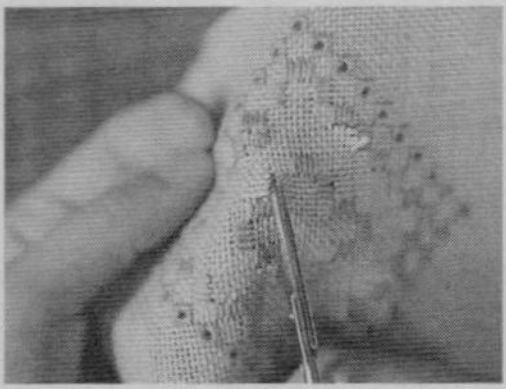

2

3

4

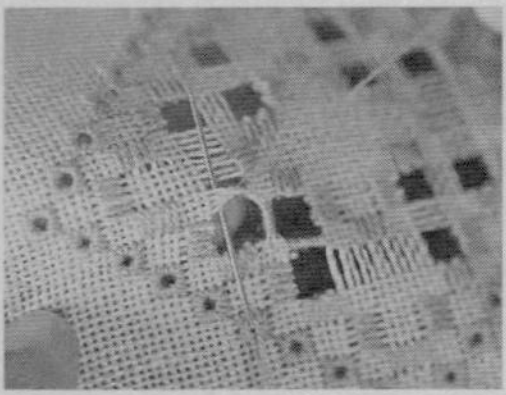

5

6

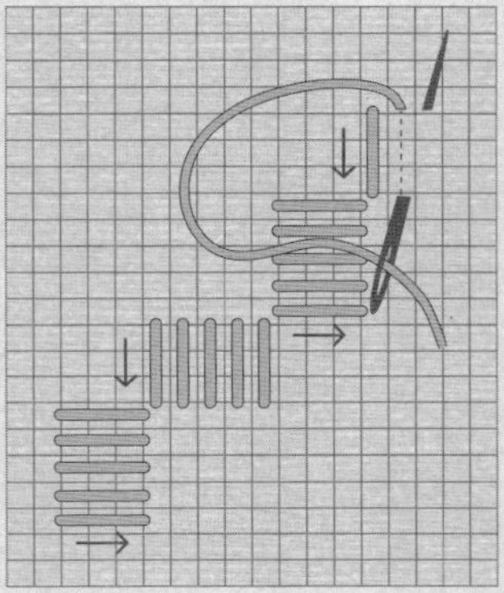

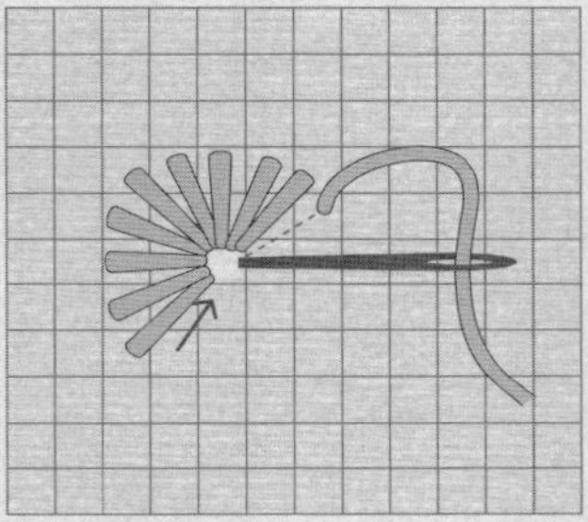

A クロスターブロックの刺し方

織り糸4本をすくって束ねるように刺し、5針で1ブロックを作る。1ブロック刺し終わったら、刺し終わりと同じ穴に針を刺し、直角に向きを変えて次のブロックへ進む。

B アイレットワークの刺し方

外側から中心の同じ穴に向かって、織り糸が見えなくなるまで放射状に刺す。刺し始めの糸と刺し終わりの糸は、必ず結んで始末する。

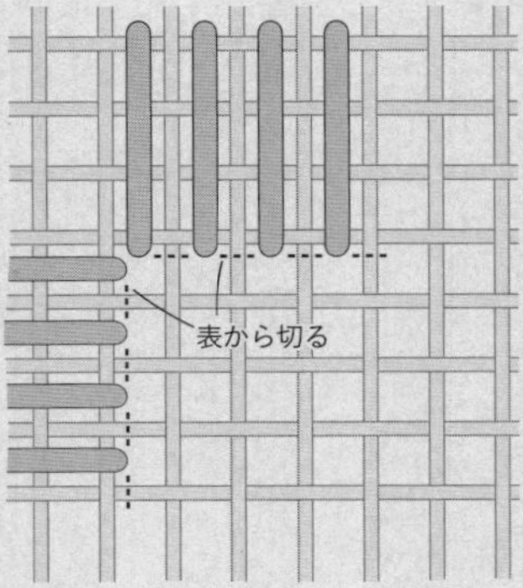

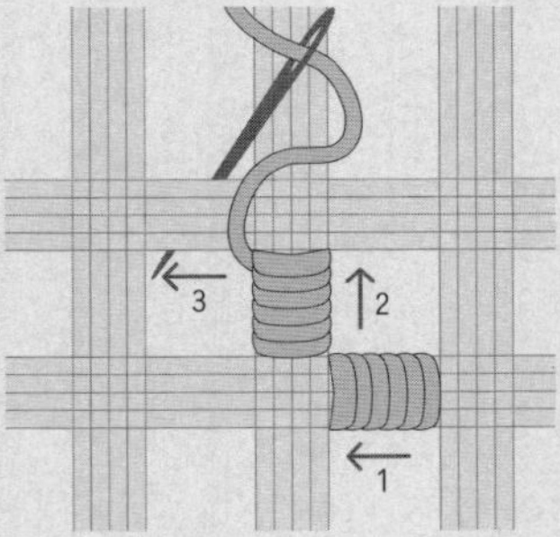

C 織り糸の切り方

先の細いはさみで、図の赤い部分の糸を布の表側から切る。

D ロールバーの刺し方

刺し始めの糸と刺し終わりの糸は、周囲のクロスターブロックをいくつかくぐらせて始末する。クロスターブロックと同様に、階段状に巻き進める。

P.41

25 エッグカバー

【材料】

刺繍用コットン布（コングレス　ベージュ 1cmに7.5目）9×11cmを2枚　刺繍糸（DMC25番　グリーン[959]ブルー[813]）　ミシン糸

【でき上がりのサイズ】

幅約7×高さ約9cm＊

＊大きさは手持ちのエッグスタンドに合うよう微調整してください。

【作り方】

1 型紙を作り、刺繍布に写す（口になる部分に布の耳を使うと端の処理がしやすい）。

2 エッグスタンドの幅に合わせて中心を決め、ストレートステッチで図案を刺す。

3 型紙通りに布をカットし端がほつれないよう、周囲をミシンでジグザグ縫いする。

4 口になる部分をそれぞれ二つ折りにしてミシンで縫う。

4 中表にし、周囲をミシンで縫えばでき上がり。

型紙

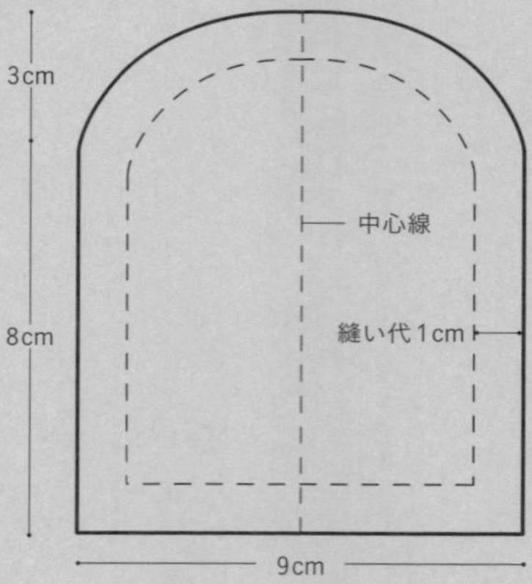

刺繍図案

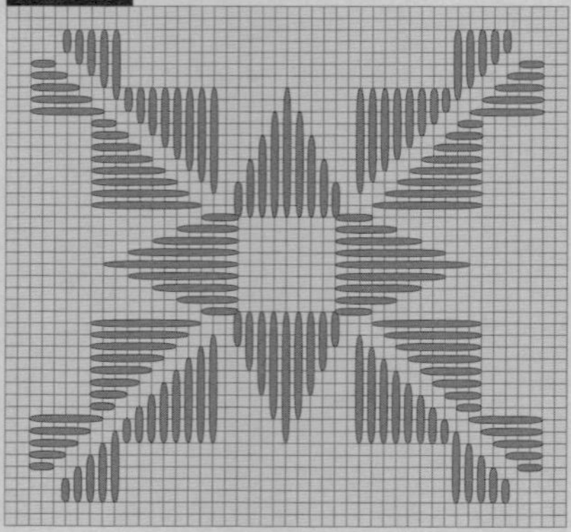

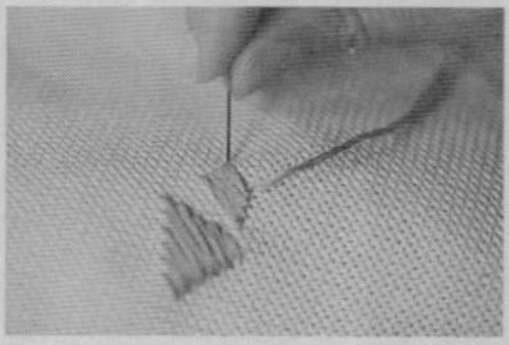

2

3

4

P. 43

27 カトラリーケース

【材料】

リネンテープ（手持ちのランチョンマットなどでも可）16×39cm＊　刺繍糸（DMC25番　オレンジ[783]イエロー[3821]）

ミシン糸

【でき上がりのサイズ】

幅約16×長さ約24cm＊

＊サイズはカトラリーの大きさや本数に合わせて調整してください。

【作り方】

1 リネンテープの周囲にオレンジの糸で図案を刺す。

2 カトラリーの大きさに合わせ、リネンテープの片側を折り返し、図の点線部分をミシンで縫う。

3 刺繍にアクセントをつけたい部分に、イエローの糸を波形にくぐらせればでき上がり。

全体図

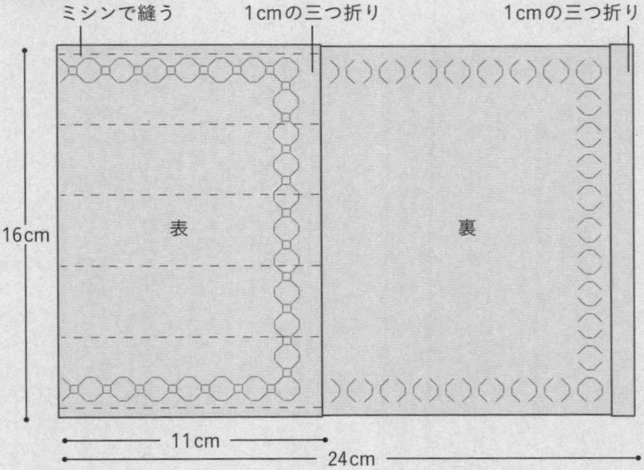

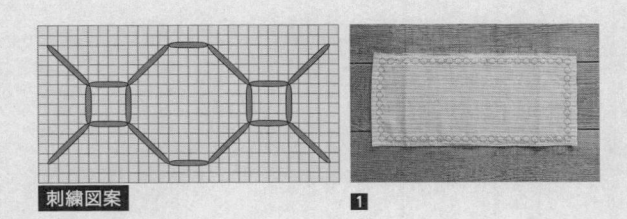

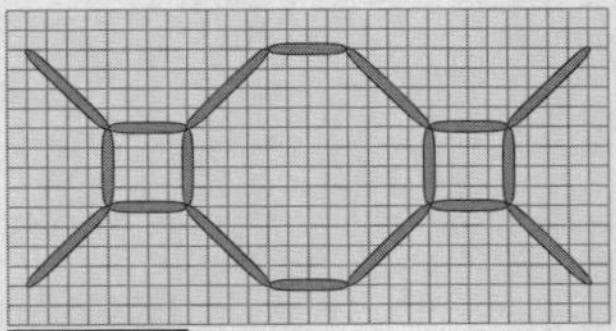

刺繍図案

1

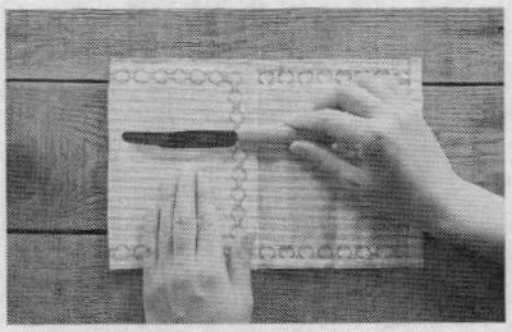

2

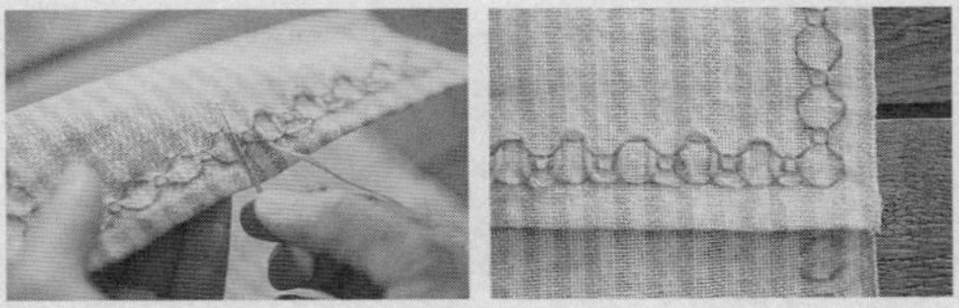

3

P.60　43 切り絵のグリーティングカード

【材料】
折り紙1枚　カード台紙（折り紙より大きなもの）1枚

【作り方】
1 正方形の紙を、三角形になるよう半分に折る。これを3回繰り返す。

2 三角形の輪になっている方の一辺に2〜3mm間隔で切り込みを入れる。反対側の辺は、半円や三角など、好きな形にくりぬく。

3 開いて、切り込みの部分を1つか2つおきくらいにバランスよく折り返す。色違いの紙と重ね、カード台紙に貼ればでき上がり。

1

2

3

P.66　46 シザーケース

【材料】
プリント生地　12×12cm　柄違い2枚
＊サイズははさみに合わせて調整する。コースターなどを使用してもOK。　手縫い糸

【でき上がりのサイズ】
約6.5×15cm（はさみの大きさに合わせて調整する）

【作り方】
1 プリント生地を中表にして合わせ、縫い代を5mm取って3辺をミシンか手で縫う。裏返したら、口の部分を閉じて縫い合わせ、正方形にする。

2 内側になる柄を上にして**1**をダイヤ形になるように置き、下の角を1cmほど折り返し、左の角を写真のように重ね、重なった部分を縫い合わせる。

3 右の角を写真のように2回折り返す。

4 **3**で折り返した部分を縫い合わせたらでき上がり。

1

2

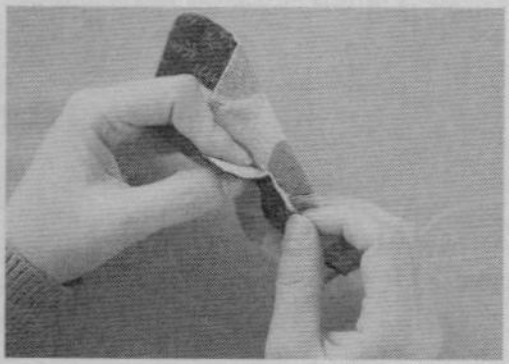
3

P.72

50 ピンクッション

【材料】
クロスステッチ用刺繍布（18カウント 水色）
裏地用リネン布（7.5×7.5cm×1枚） 中袋用リネン生地（7×7cm×2枚） 刺繍糸（DMCコットンパール8番 ラベンダー[208] 黄緑[470] ピンク[225] 水色[3752] 白[BLANC] 茶[783]）
ミシン糸もしくは手縫い糸 リンシード約30g

【でき上がりのサイズ】
約5.5×5.5cm

【作り方】
1 刺繍糸1本どりで、クロスステッチ（A）を刺す。同色で縦3ステッチ×横3ステッチ分を刺し、正方形1マスを作る。初めに中心となる1マスを作り、周囲に広げていくと配色のバランスが見やすい。
2 好みの配色で縦横7マスずつの正方形を作る。縫い代1cmを取って裁つ。裏地用リネン布と中表に合わせ、3辺を縫って裏返し、袋状にする。
3 リネン布を中表に合わせ、端から1cmのところを縫って袋状にする。中にリンシードを詰め（リンシードの量でクッションのかたさを調整する）、口の部分を縫い閉じる。
4 **2**に**3**を入れ、口を縫い閉じたら完成。好みで周囲をブランケットステッチでかがってもよい。

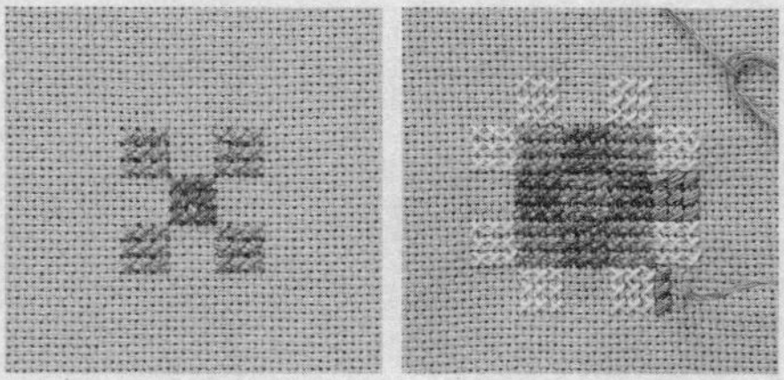

1

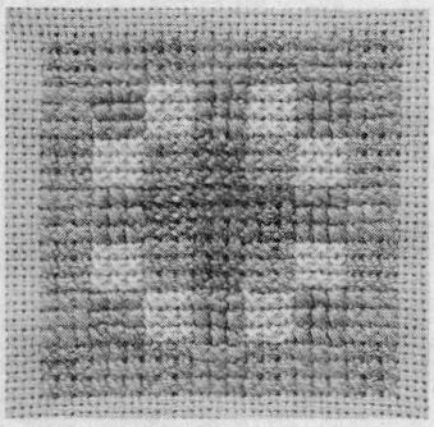

2

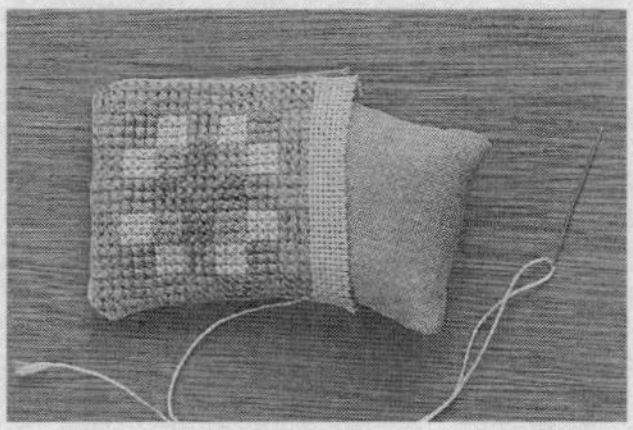

4

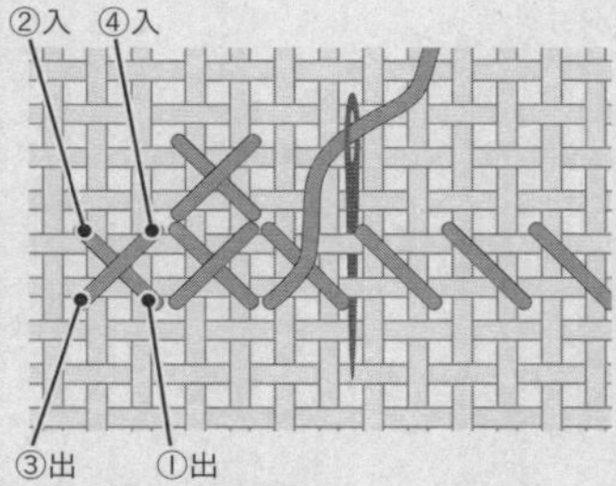

A クロスステッチの刺し方
基本のクロスステッチを1ステッチ分作るには、①→②→③→④の順に針を刺す。今回は、3ステッチずつ連続して刺すので、右から左へ①→②、①→②、①→②と刺した後、今度は左から右へ③→④、③→④、③→④と戻る。これを3列作り、3ステッチ×3ステッチの正方形を作る。糸端は裏側のステッチにくぐらせて始末する。

P.84

54 ワッフルサンド

【材料・作りやすい分量】

〈ワッフル生地〉

A
- 薄力粉……100g
- ライ麦粉……25g
- 牛乳……250mℓ
- 溶かしバター……20g

カルダモン……大さじ½

卵……1個

〈具材用〉

ベーコン、卵、ルッコラ、
ディジョンマスタード……各適量

【作り方】

1 卵は卵黄と卵白に分け、卵白は角がしっかり立つまで泡立てる。

2 ボウルにAと卵黄を入れて、よく混ぜる。

3 2に泡立てた卵白を加え、さっくりと混ぜて10～15分くらい常温でやすませる。

4 ワッフルメーカーを火にかけ、表と裏を十分温めてから3の生地を流し入れ、裏表こんがりと焼き色がつくまで焼く。

5 フライパンにセルクル型を置き、円形の目玉焼きを作り、同時にベーコンも焼く。

6 ワッフルにディジョンマスタードを塗り、ルッコラ、ベーコン、目玉焼きをサンドする。

P.85

55 自家製パン

【材料】

A
- 強力粉……280g
- 全粒粉……100g
- ライ麦粉……50g

ドライイースト……1g

水……345mℓ

塩……8g

オリーブ油……少量

【作り方】

1 ボウルにAとドライイースト、塩を入れ、ヘラで混ぜる。

2 水を一気に加え、もったりとしてくるまでヘラで1～2分間混ぜ続ける。

3 背の高い瓶を用意する。内側にオリーブ油を塗って2を流し入れ、ラップをかけ冷蔵庫で一晩（約12時間）休ませる（第一次発酵）。

4 強力粉（分量外）で台に打ち粉をして3を取り出し、生地に打ち粉をかけながら丸く成形する。

5 ボウルに4を入れ、ぬれ布巾をかけて常温で2時間休ませる（第二次発酵）。

6 250℃で予熱したオーブンに、ふたつきの耐熱鍋を空のまま入れ、30分ほど鍋を熱しておく。

7 6の鍋に5の生地を入れ、ふたをしてオーブンに入れ、250℃で30分ほど焼く。

8 ふたを取り、さらに250℃で20分ほど焼けばでき上がり。

P.86 56 フルーツゼリー

【材料・4〜5人分】

エルダーフラワーシロップ …………………… 20g
はちみつ …………………………………… 大さじ1
粉ゼラチン ……………………………………… 5g
好みのカットフルーツ（プラム、マスカット、パイナップルなど）…………………………… 適量

【作り方】

1 エルダーフラワーシロップとはちみつに水200mℓを加えてよく混ぜ、エルダーフラワージュースを作る。

2 鍋に水50mℓを入れ、粉ゼラチンをふり入れ、弱火にかけて溶かす。

3 **2**に**1**とカットフルーツを加え、よく混ぜ合わせる。容器に流し入れ、冷蔵庫で冷やし固める。

P.87 57 フルーツシロップ

【材料・作りやすい分量】

〈パインシロップ〉
　パイナップル ………………………………… ½個
　きび砂糖 ………… パイナップルと同じ重量
〈プラムシロップ〉
　プラム ……………………………………… 5〜6個
　きび砂糖 …………………… プラムと同じ重量

【作り方】

1 パイナップルは皮と芯を取り除いてから縦8つに切り、厚さ1〜2cmにスライスする。プラムは皮付きのまま、½〜¼くらいにカットし、種を取り除く（きび砂糖がしみ込みやすいよう、皮のほうから数カ所切り込みを入れておくとよい）。

2 パイナップルとプラムをそれぞれ別のふたつき容器に並べ、きび砂糖を振りかける。スプーンの背でフルーツをつぶしながら、まんべんなくまぶす。

3 ふたの端を少し開け、冬は常温、夏は冷蔵庫で2〜3日ほど置く。フルーツから徐々に水分が出てくるので、ときどきスプーンでつぶすようにかき混ぜる（砂糖を加えて一晩たったものを火にかけて煮詰め、ジャムにしてもOK）。

4 容器にシロップがたまってきたらでき上がり。

マリコ・イェンセン

2002年、デンマーク出身のイェンス・イェンセンさんと結婚。テレビや雑誌などで、北欧のライフスタイルやインテリア、料理、手作り小物、DIYなどを提案。近年は、月1回開催する「小さな手仕事学校」のプロデュースや、ワークショップの講師なども務める。DIYでリノベーションした鎌倉市の自宅で、夫と2人の息子との4人暮らし。
https://facebook.com/denlilleskole

撮影　masaco、
公文美和（P79-81）、加藤史人（P83-85）、
イェンス・イェンセン（デンマーク取材分）、
マリコ・イェンセン（デンマーク取材分）
イラスト　石飛千尋
デザイン　青木由季（Concent, Inc.）
構成　水島祐美子
校正　山内寛子

この本は、ライフスタイル誌
『giorni（ジョルニ）』で取材した記事と
新しく取材した記事をまとめました。

ライフスタイル誌
giorni
奇数月20日発売

“私らしい暮らし方、見つけよう”を
テーマに、毎号、国内外の素敵な
“ふだん”を紹介しています。
詳細は、http://www.j-n.co.jpの
「雑誌」をクリックしてください。

イェンセン家《け》の
北欧《ほくおう》スタイルの暮《く》らしと手作《てづく》り

2014年10月8日　初版第1刷発行

著　者　マリコ・イェンセン
発行者　村山秀夫
発行所　実業之日本社
〒104-8233　東京都中央区京橋 3-7-5 京橋スクエア
電話　（編集）　03-3535-5417
（販売）　03-3535-4441
http://www.j-n.co.jp
印刷所　大日本印刷
製本所　ブックアート

ISBN978-4-408-42065-3